新概念阅读书坊

XINBIANZHONG**W**AI

MINGZHUDAODU

新 编 中 外

名著导读

主编◎崔钟雷

FANGXINGAINIANYUEDUSHUFANGXINGAINIANYUEDUSHU

吉林美术出版社

图书在版编目（CIP）数据

新编中外名著导读 / 崔钟雷主编 . —长春：吉林
美术出版社，2011. 2（2023. 6 重印）
（新概念阅读书坊）
ISBN 978-7-5386-5221-5

Ⅰ . ①新… Ⅱ . ①崔… Ⅲ . ①推荐书目 – 世界 – 青少
年读物Ⅳ . ① Z835–49

中国版本图书馆 CIP 数据核字（2011）第 015274 号

新编中外名著导读

XINBIAN ZHONGWAI MINGZHU DAODU

出 版 人 华 鹏
策 划 钟 雷
主 编 崔钟雷
副 主 编 刘志远 张婷婷 芦 岩
责任编辑 栾 云
开 本 700mm × 1000mm 1/16
印 张 10
字 数 120 千字
版 次 2011 年 2 月第 1 版
印 次 2023 年 6 月第 4 次印刷
出版发行 吉林美术出版社
地 址 长春市净月开发区福祉大路 5788 号
邮编：130118
网 址 www.jlmspress.com
印 刷 北京一鑫印务有限责任公司
书 号 ISBN 978-7-5386-5221-5
定 价 39. 80 元

前　言

　　书，是那寒冷冬日里一缕温暖的阳光；书，是那炎热夏日里一缕凉爽的清风；书，又是那醇美的香茗，令人回味无穷；书，还是那神圣的阶梯，引领人们不断攀登知识之巅；读一本好书，犹如畅饮琼浆玉露，沁人心脾；又如倾听天籁，余音绕梁。

　　从生机盎然的动植物王国到浩瀚广阔的宇宙空间；从人类古文明的起源探究到 21 世纪科技腾飞的信息化时代，人类五千年的发展历程积淀了宝贵的文化精粹。青少年是祖国的未来与希望，也是最需要接受全面的知识培养和熏陶的群体。"新概念阅读书坊"系列丛书本着这样的理念带领你一步步踏上那求知的阶梯，打开知识宝库的大门，去领略那五彩缤纷、气象万千的知识世界。

　　本丛书吸收了前人的成果，集百家之长于一身，是真正针对中国少年儿童的阅读习惯和认知规律而编著的科普类书籍。全面的内容、科学的体例、精美的制作，上千幅精美的图片为中国少年儿童打造出一所没有围墙的校园。

编　者

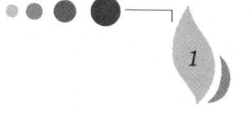

目 录

外国文学卷

中国文学卷

ZHONGGUO WENXUE JUAN

诗经 集体创作

相关内容

我国古典诗歌的两大源头之一是《诗经》，它的作者来自社会各阶层，产生的地域也很广。除了周王朝乐官制作的乐歌与公卿、士进献的乐歌，还有许多流传于民间的歌谣。这些民间歌谣是周王朝派专门的采诗人到民间搜集而得的，用以了解政治教化和风俗的盛衰利弊。各诸侯国乐师以唱诗、作曲为职业，也搜集歌谣来丰富他们的唱词和乐调，诸侯又把这些乐曲献给天子，这些民间歌谣便汇集到朝廷里了。各个时代从各个地区搜集来的乐歌，一般是保存在周王室的乐官那里的。搜集、整理和制作民歌，也是周王朝的文化事业之一。

背景介绍

　　《诗经》是我国最早的诗歌总集，反映了西周初年（公元前 11 世纪）到春秋中叶（公元前 6 世纪）五百多年间的古代社会生活，共 305 篇。按作品的不同乐调可分为"风""雅""颂"三大类：《风》指国风，就是各诸侯国的民间乐曲，包括周南、召南、邶、鄘、卫、王、郑、齐、魏、唐、秦、陈、桧、曹、豳 15 个诸侯国的民歌，共 160 篇；《雅》

经孔子整理编订，这些宝贵的文化奇葩才得以保存下来。

是西周京畿正音，分《大雅》31 篇和《小雅》74 篇，共 105 篇；《颂》是朝廷祭祀鬼神和赞美功德的乐歌或舞曲，分《周颂》31 篇、《鲁颂》4 篇、《商颂》5 篇，共 40 篇。各篇的作者大多已不可考。这些作品经过长期的积累，相传大约在春秋末年由孔子重新编订，作为其学生的教科书。先秦时代统称为《诗》或《诗三百》，到了汉代，儒家把它奉为经典，才称为《诗经》。

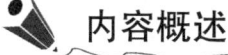 内容概述

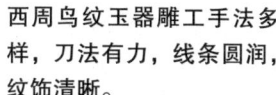
西周鸟纹玉器雕工手法多样，刀法有力，线条圆润，纹饰清晰。

　　《诗经》歌咏的内容很复杂，由于诗歌的性质不同，描述的内容也相应有所不同。

　　《周颂》是周王室的宗庙祭祀诗。除了单纯歌颂祖先功德以外，还有一部分是春夏之际向神祈求丰年或秋冬之际酬谢神的乐歌。如《丰年》中唱道："丰年多黍多稌，亦有高廪，万亿及秭。为酒为醴，烝畀祖妣，以洽百礼，降福孔皆。"而《噫嘻》则描绘了大规模耕作的情形："噫嘻成王，既昭假尔，率时农夫，播厥百谷。骏发尔私，终三十里。亦服尔耕，十千维耦。"

　　《大雅》中的《生民》《公刘》《绵》《皇矣》《大明》五篇是一组周民族的史诗，记述了从关于周民族的始祖后稷的传说到周王朝的创立者武王灭商的历史。如《生民》叙述后稷的母亲姜嫄祷神求子，后来踏了神的脚印而怀孕，生下了后稷，不敢养育，把他丢弃。

后稷历尽苦难而不死："诞置之隘巷，牛羊腓字之。诞置之平林，会伐平林。诞置之寒冰，鸟覆翼之。鸟乃去矣，后稷呱矣。实覃实訏，厥声载路。"

西周后期，戎族侵扰，诸侯兼并，社会剧烈动荡。

《大雅》《小雅》中产生于这一时期的诗中，有很多批评政治的作品。如《瞻卬》中说："人有土田，女反有之；人有民人，女覆夺之。此宜无罪，女反收之。彼宜有罪，女覆说之。"

《诗经》中更多的政治批评诗，表达了作者对艰危时事的忧虑，对统治者的强烈不满，反映了赋税繁重、政治黑暗、民不聊生的社会现实。如《十月之交》写道："烨烨震电，不宁不令。百川沸腾，山冢崒崩。高岸为谷，深谷为陵。哀今之人，胡憯莫惩？"

《国风》中也有这一类的诗，如《伐檀》："坎坎伐檀兮，置之河之干兮。河水清且涟猗。不稼不穑，胡取禾三百廛兮？不狩不猎，胡瞻尔庭有县貆兮？彼君子兮，不素餐兮！"《相鼠》也是类似的作品："相鼠有皮，人而无仪。人而无仪，不死何为？相鼠有齿，人而无止。人而无止，不死何俟？相鼠有体，人而无礼。人而无礼，胡不遄死？"

《诗经》中关于战争和劳役的作品也很多。《小雅》中的《采薇》《杕杜》《何草不黄》，《豳风》中的《破斧》《东山》，《邶风》中的《击鼓》，《卫风》中的《伯兮》等，都是这方面的名作。这些诗歌大都从普通士兵的角度来表现他们的遭遇和想法，着重歌唱对于战争的厌倦和对于家乡的思念。其中《东山》写出征多年的士兵在回家路上的复杂感情，在每章的开头，他都唱道："我徂东山，慆慆不归。我来自东，零雨其濛。"又如《卫风·伯兮》："伯兮朅兮，邦之桀兮。伯也执殳，为王前驱。自伯之东，首如飞蓬。岂无膏沐？谁适为容！其雨其雨，杲杲出日。愿言思伯，甘心首疾。焉得谖草，言树之背。愿言思伯，使我心痗。"这首诗是以女子的口吻写的。她既为自己的丈夫感到骄傲，因为他是"邦之桀兮"，能"为王前驱"；又因丈夫的远出、家庭生活的孤寂而痛苦不堪。

在《国风》中，最集中的是关于恋爱和婚姻的诗。《召南·野有死麕》："野有死麕，白茅包之，有女怀春，吉士诱之。""舒而脱脱兮，无感我帨兮，无使尨也吠。"一个打猎的男子在林中引诱一个

"如玉"的女子，那女子劝男子别莽撞，别惊动了狗，表现了又喜又怕的微妙心理。《郑风·将仲子》写道："将仲子兮，无逾我里，无折我树杞！岂敢爱之，畏我父母。仲可怀也，父母之言，亦可畏也！""仲子"是她所爱的情人，但她却不敢同他自由相会，且不准他攀树翻墙，只因父母可畏。《国风》中有许多情诗，咏唱着迷惘感伤、可求而不可得的爱情。又如："月出皎兮，佼人僚兮，舒窈纠兮，劳心悄兮！"（《陈风·月出》）"南有乔木，不可休思。汉有游女，不可求思。汉之广矣，不可泳思。江之永矣，不可方思。"（《周南·汉广》）《国风》中还有许多描写夫妻间感情生活的诗。像《唐风·葛生》，一位死了丈夫的妻子这样表示："夏之日，冬之夜，百岁之后，归于其居。"《邶风》中的《谷风》，《卫风》中的《氓》，是最著名的两首弃妇诗。《诗经》中写恋爱和婚姻问题的诗，内容丰富，感情真实，是《诗经》中艺术成就最高的作品。

〈〈〈　经典片段赏析

关关雎鸠，在河之洲。窈窕淑女，君子好逑。

——《周南·关雎》

蒹葭苍苍，白露为霜。所谓伊人，在水一方。

——《秦风·蒹葭》

死生契阔，与子成说。执子之手，与子偕老。

——《邶风·击鼓》

论语 孔子的弟子及其再传弟子

 相关内容

孔子（公元前551年—前479年）是我国历史上伟大的思想家、政治家、教育家，也是春秋末期儒家学派的创始人。

孔子在政治上主张严格遵守"礼"的规定，还特别强调"仁"。他认为"仁"就是"爱人"，并提出"己所不欲，勿施于人"等观点。

他还反对苛政，要求统治者对劳动人民的剥削和压迫要有个限度。他的目的是为了缓和阶级矛盾，但客观上还是有利于生产发展的。

孔子对我国古代教育事业作出了重大的贡献。他开创的私人学堂，弟子达3000人，这在我国教育史上具有划时代的意义。在教学方面，他也有很多重要的经验。例如，注重"因材施教"，主张学习知识要"温故而知新"，学习态度要"知之为知之，不知为不知"，还主张要把学习和思考结合起来，如"学而不思则罔，思而不学则殆"等。

孔子的另一个重大贡献是整理编订古代文化典籍《诗经》《尚书》《礼记》《乐经》《周易》《春秋》。其中除《乐经》失传外，其他"五经"一直流传到现在，为我们提供了研究古代历史的珍贵资料。

 背景介绍

《论语》是孔子弟子及其再传弟子关于孔子言行的记录，是儒家经典名作之一。当时，他的弟子各有所记。孔子死后，他们及其再传弟子把所记录的言行汇集起来，取名为《论语》，最后编订于战国初期。

《论语》是一部语录体散文，大部分记言，小部分记事，只有极少数是比较完整的文章。全书 20 篇，共 512 章，约 11000 多字。篇与篇、章与章之间没有内在联系，篇名题目用的是每篇开头的几个字。

孔子被历代人尊称为"大成至圣先师"。

《论语》表达的思想也就是孔子的基本思想。

 ## 内容概述

《论语》全书共 20 篇，每篇包括若干章，每章记一件事或几句话。内容相当广泛，涉及哲学、政治、文学、教育、伦理等，但都始终贯穿着孔子"仁"及"礼"的思想学说。

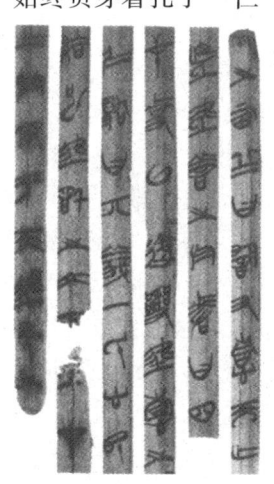

"仁"是孔子思想的核心，也是他心中追求的最高理想。他认为，"仁"即爱人。只有仁者才能成名，才能除恶，成为一个完人。他无时无刻不在教导人们努力求"仁"。他评价人物也是以"仁"为标准，认为通过努力学习、加强修养、勤于实践是可以达到"仁"。

比如在学习方面，孔子认为，知识要经常复习，温故才能知新，勤学多思才能有所获；要经常与朋友切磋，要向贤人学习。在知识的积累中，不断明白事理，最终是为了掌握做人的道理。好的学生应该以学习为乐，并且要"知之为知之，不知为不知"，注意实践应用，做到学无常师，持之以恒。

春秋时期的文字是周的法定文字——西周大篆，不过由于王室衰微，各诸侯国的文字在字形上都有一些变化。

他特别强调修身养性的重要性。涵养德性，应该"吾日三省吾身"，知过必改，善于择善而从之，重德轻财，把道德品质修养放在第一位。要达到"仁"，具体的要从孝顺父母做起，以孝求忠，忠于事业，忠于君主，忠于朋友，成为一个具有温、良、恭、俭、让多种美德的仁人君子。要安贫乐道，进而治国安民，做一个君子贤儒。

孔子非常重视"礼"，他认为，"礼"是"仁"的外在表现，克己复礼为"仁"，"礼"对修身、治国、安民、移风易俗有着重要的作用。他勉励人们学礼、尊礼、循礼而行，做到"非礼勿视，非礼勿听，非礼勿言，非礼勿动"。

圣人、贤人、善人、君子、成人、有恒者，孔子认为，都应该是"己欲立而立人，己欲达而达人"，"己所不欲，勿施于人"，胸怀宽广，即所谓"忠恕"；群而不党，安贫乐道，大公无私，坚持原则。孔子最鄙视的是小人。

为政，孔子认为，要以尧、舜、禹、周文王、周武王为榜样，为政以德，实行仁政。为政者要有很高的道德修养，能做到豁然大度，谦逊好学，知人善任，举贤才，去小人，推己及人，实事求是，并有临大节而不可夺的精神。为政，还必须把教化放在首位，重视诗教礼乐对情感的陶冶作用，目的是用孝敬信勇等道德教化人，提高人的道德素质。为政要勤政、爱民，取信于民。为政以德，做到"博施于民而能济众"，达到"老者安之，朋友信之，少者怀之"的状态，坚决反对暴政和恣伐。

在教育方面，他主张因材施教，有教无类，教学相长，采取启发式教育，提高学生的道德修养，在学业上取得进步。

在经济上，他主张"周急不继富"，人们有必要学会理财经商，认为富与贵是人之所欲也。即使孔子自己也愿意为创造财富而做些具体工作。但强调求富应受义的制约，要见利思义，不可见利忘义。经商要以诚信为准，遵守信誉，取信于人。

孔子"不语怪、力、乱、神"，紧紧把握现世，不求神，不信鬼，重视人为，在政治上、生活上、学习上始终持积极向上的态度。

<<< 经典片段赏析

　　子曰："学而时习之，不亦说乎？有朋自远方来，不亦乐乎？人不知而不愠，不亦君子乎？"

　　子曰："不患人之不己知，患不知人也。"

——《学而》节选

　　子曰："吾十有五而志于学，三十而立，四十而不惑，五十而知天命，六十而耳顺，七十而从心所欲，不逾矩。"

——《为政》节选

孔子创立的儒家学说一直被后代帝王所尊崇。

庄子 庄子

 相关内容

庄子（约公元前369年—前286年），名周。战国时宋国蒙（今河南商丘东北）人，我国古代著名哲学家。他轻视高官厚禄，主张"清静无为"，逃离现实，终身隐居。他继承并发展了老子哲学中唯心主义的思想。为道家思想的代表者。后世把他和老子并称为"老庄"。

背景介绍

《庄子》一书是战国时期道家学派的重要著作，反映了庄周及其弟子的思想。《庄子》一书基本上是庄子及其后学所作，成书于战国时期。全书现存33篇，分内篇7篇、外篇15篇、杂篇11篇。它上承《老子》，下启《淮南子》，是道家的一部重要著作。在书中，庄子描绘出了一个博大玄妙、深奥难识的哲学世界，他追求绝对的思想自由，创立相对主义学说，并提出"齐生死，等万物"的妙论，不相信鬼神和巫术的精神，坚持"法贵天真""复归于朴"的主张，这些都是庄子哲学的组成部分；在创作风

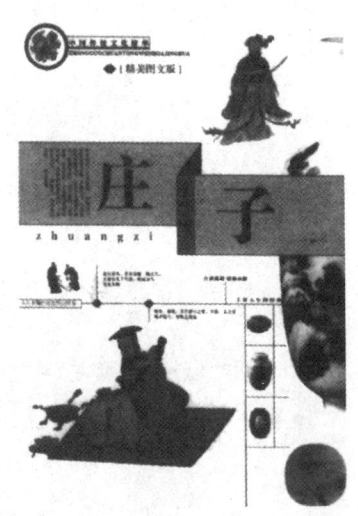

庄子被唐明皇封为南华真人，代表作《庄子》被封为《南华经》。

格上，庄子的散文生动优美，富有诗情画意，其想象的大胆，意象的瑰丽，风格的特异，都是后人学习和模仿的对象；再加上庄子富有创造性的语言，如大相径庭、望洋兴叹、不近人情、朝三暮四、吐故纳新等，都成为祖国文学宝库里瑰丽的明珠。庄子其人其书对后世的影响非常深远。

内容概述

《庄子》一书的思想内容主要有以下几个方面：全生保身，逍遥无为：全生保身是道家学说的核心。庄子对此作了系统的论述，他说：人既不能表现得有用，又不能表现得完全无用，要"处于材与不材之间"。更重要的是，要追求精神自由——逍遥无为。逍遥无为是全生保身的最高境界。人之所以不自由，一方面是由于受到外界物质条件的束缚；另一方面是由于受到自身形骸与观念的束缚，也就是由"有待"和"有己"造成的。"有待"就是有依赖和依靠，要凭借外力；"有己"就是有私心和看重自己。所谓"至人无己，神人无功，圣人无名"就是要让真正的自我从功名利禄、是非善恶和自己的形骸、观念的限制中解脱出来，达到与天地精神独往来的境界，以获得精神上的绝对自由。

与道为一：道是庄子哲学中最重要、最基本的概念。庄子认为：道是世界的本原，是天地万物的本根，道没有具体的规定性，亦无差别对立。要实现精神上的绝对自由即"得道"，有两条基本途径：一是相对主义的认识方法，即"齐物"的方法；一是直觉主义的体验方

庄子的思想可以用八个字概括："天人合一、清静无为。"

法，即"体道"的方法。"齐物"就是发现并取消事物或概念之间的差别和对立。这种方法使人在精神上从贵贱、寿夭、生死的束缚中解脱出来，进入无差别对待的自由世界。"体道"就是按照一定的修炼程序，不用语言和概念，以达到"与道为一"的直觉体验。这种方法可以摆脱情绪的干扰，舍弃日常生活，以求得精神的解脱与超越。

无为而治：庄子明确否定现实的社会政治制度以及文化生活，他向往远古的至德之世，在政治上主张无为而治。庄子反对当时社会上实行的仁义礼乐等社会道德与政治制度，认为这些都是罪恶与祸害的根源。他用"彼窃钩者诛，窃国者为诸侯"来说明仁义已经成了统治者窃取国家权力的手段。庄子认为：随着社会政治制度和文化的发展，人类社会的不平等及争斗也会随之产生和激化，社会政治制度和文化的发展也并不意味着人类社会是按照必然上升的进程前进。他认为自然的本性是最完善的，如果人为地加以改变，便会损害事物的本性，造成不幸和痛苦。统治者应顺应社会的自然发展，不要人为治理。庄子心目中的"至德之世"就是：没有贵贱尊卑之分，没有仁义礼乐的束缚，没有功名利禄之争，人人过着无忧无虑、安闲自在的平等生活，获得身心上的完全自由。

〈〈〈　经典片段赏析

　　北冥有鱼，其名为鲲。鲲之大，不知其几千里也；化而为鸟，其名为鹏。鹏之背，不知其几千里也；怒而飞，其翼若垂天之云。是鸟也，海运则将徙于南冥。南冥者，天池也。

　　　　　　——《庄子·逍遥游》

 **战国策** 刘向

相关内容

 相传《战国策》中的文章并非一人所作。作者大都是战国后期的纵横家，后经西汉刘向编辑整理，校订成书，定名为《战国策》。

背景介绍

《战国策》又称《国策》。全书分东周、西周、齐、秦、楚、赵、魏、韩、燕、宋、卫、中山等12国策，共33篇。主要是叙述战国时期谋士们周游各国，在互相辩论形势时提出的政治主张和战斗策略，故名《战国策》。

《战国策》反映了当时复杂的政治斗争和社会现实，是研究战国时期历史的宝贵资料。《左传》是编年史，《战国策》是国别史，记叙事件相对来说更连贯、更集中。《战国策》继承并发扬了《左传》《国语》的优良传统，对后世史传散文和政论文的发展影响比较大，在文学史上占有重要地位。其特点主要表现在以下三个方面：一是善于写游说之辞。《左传》以写辞令著称，《战国策》的策士更是雄辩之才，铺张扬厉，气势

刘向撰写的《说苑》，采获了大量的历史资料，给人们探讨历史提供了许多便利之处。

奔放，酣畅淋漓。苏秦、张仪游说各国的许多长篇大论就是典型的代表。尤其是有些说辞写得推心置腹，真诚恳切，令人读之动容。二是善于刻画人物。《荆轲刺秦王》《鲁仲连义不帝秦》等，都集中地表现了主人公的品质性格。同《左传》中只能用片段的情节和简约的文字点染人物相比，《战国策》的许多篇章，故事更完整，情节更曲折，人物形象更生动。三是善于取譬设喻，语言精练严谨。运用比喻和寓言说明抽象的道理，是诸子散文的共同特点，而《战国策》在取譬方面浅显通俗、巧妙机警、特点突出，千百年来流传不衰，如"惊弓之鸟""画蛇添足""南辕北辙""狐假虎威"等成语，还有"鹬蚌相争，渔翁得利"等警句，通俗易懂，言辞生动。

内容概述

《战国策》中的故事虽然感染力很强，但有些记载作为史实来看却是并不可信的，就像《魏策·秦王使人谓安陵君》中唐雎劫秦王的情节。但我们仍然不能否认《战国策》是一部出色的著作。由于篇幅有限，我们仅摘录出《战国策》中两个精彩的故事：

《苏秦以连横说秦》苏秦用连横之策上奏章十次游说秦惠王张扬武力，兼并诸侯，一统天下，但始终没有被采纳。苏秦穿着草鞋，缠着裹腿，背着书袋，挑着行李，容貌枯槁憔悴，面带惭愧回到家中，妻子不下织机迎接，嫂子不给他做饭，父母不同他说话。苏秦知道这是因为自己没有出息的缘故。于是他连夜拿出藏书，摆出十几只书箱，找出姜太公《阴符》兵法，伏案诵习，仔细熟读领会。

读到昏昏欲睡的时候，便拿锥子刺进大腿。一年以后，他对兵法领会深刻，于是改用合纵之策游说赵王。赵王非常高兴地接受了他的意见，并封他为武安君，授予相印，赐予他优厚的待遇，让他出使关东各国，相约合纵，拆散连横，抑制强大的秦国。这样，天下的形势大好，诸侯互相亲善，胜过兄弟。赵国在诸侯国中的威望大大提高，苏秦得势，金钱、宝马任他使用，一路威风十足。这时，苏秦的父母也对他刮目相看，妻子和嫂子更是恭恭敬敬、俯首帖耳。这时苏秦发出的感慨意味深长："嗟乎，贫穷则父母不子，富贵则亲戚畏惧，人生世上，势位富厚，盖可以忽乎哉？"

《荆轲刺秦王》讲的是秦国兵临易水，燕国危在旦夕，为使秦放弃对燕国的侵略，燕太子派荆轲使秦，刺杀秦王。荆轲临行那天，太子和许多宾客都来送他。高渐离敲着筑，荆轲和着节拍唱道："风萧萧兮易水寒，壮士一去兮不复还！"并发出慷慨激昂的声音，人们听着都瞪大眼睛，怒发冲冠。荆轲随后就出发了，没有回头看一眼。

荆轲在秦国的宫殿上向秦王献地图，地图展开时，露出了匕首。荆轲左手抓住秦王衣袖，右手握住匕首乘势直刺秦王，但没有刺到秦王的身体。秦王大惊，避退站起，挣断衣袖，想要拔剑，却因剑身长，一时拔不出。荆轲追赶秦王，秦王绕着柱子跑。臣僚们惊慌失措，愣在那里。御医向荆轲抛去药箱，使得秦王有机会拔出剑来，砍断了荆轲的左腿。荆轲倒下，又举起匕首向秦王掷去，不料扎在柱子上。秦王又向荆轲连砍数剑。左右人立即上前将荆轲乱刀砍死。于是秦王对燕国恨之入骨，经过五年，终于灭掉了燕国，俘虏了燕王，兼并了天下。

后来，荆轲的朋友高渐离因击筑的优秀技能被秦始皇召见，他一心想要替燕国报仇，乘其不备用筑猛击秦始皇，但没有击中，最后被处死。

⟨⟨⟨ 经典片段赏析

　　太子及宾客知其事者，皆白衣冠以送之。至易水之上，既祖取道，高渐离击筑，荆轲和而歌，为变徵之声，士皆垂泪涕泣。又前而歌曰："风萧萧兮易水寒，壮士一去兮不复还。"复为羽声慷慨，士皆瞋目，发尽上指冠。于是荆轲遂就车而去，终已不顾。

——《燕策》

楚辞 屈原

相关内容

我国古代一部重要的诗歌集——《楚辞》，是由西汉末年著名文学家、目录学家刘向编纂而成的。

它的主要作者是屈原和宋玉。

屈原（约公元前 340 年—前 278 年）名平，字原，是楚王的同姓贵族。祖先封于屈，遂以屈为姓。屈原年轻时受到楚怀王的信任，官至左徒，是楚国内政外交的核心人物。后因上官大夫在怀王面前进谗言，屈原被免去左徒之职，转任三闾大夫，掌管王族昭、屈、景三姓事务，负责宗庙祭祀和贵族子弟的教育。后来，楚国因接连遭到秦、齐、韩、魏的围攻而陷入困境，屈原也一度被流放到汉北江南一带，楚国的形势日益危急。楚襄王二十一年，秦将白起攻破楚都郢。屈原眼看曾经兴旺的国家衰败至此，悲愤交加，怀抱石头自沉于汨罗江，那一天正是农历的五月初五。

屈原是一位杰出的政治家。在外交方针上，屈原主张联合齐国与强秦对抗，很有远见。在内政方面，屈原主张"修明法度""举贤授能"，实行使国家富强的"美政"，对政治抱有某种理想主义的态度。

同时，屈原还是我国文学史上一位伟大的爱国诗人。屈原的作品有《离骚》《九歌》《天问》《九章》《远游》《卜居》《渔父》等。都是在审美愉悦的方向上发展，展示的是人活跃的情感。就是在这样的背景下，楚地的歌谣演变成了楚辞。

"楚辞"是战国时期兴起于楚国的一种诗歌样式。它受

《诗经》的某些影响，如《九章》中的《橘颂》，全诗都用四言句，在隔句的句尾用"兮"字，可认为是《诗经》体式的渗透。但同"楚辞"有直接血缘关系的是南方土生土长的歌谣。以前楚地歌谣仅一鳞半爪地存于历史记载中，只是到了战国中期，屈原等人的一系列作品出现在楚国文坛之后，"楚辞"才成为一种文学样式。

汉代起，"楚辞"成为屈原等人作品的总集名。

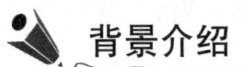 **背景介绍**

我国古代中原地区的长江流域孕育着古老的文化——楚文化。楚人很早就和中原的国家有联系，同时，它也始终保持着自身强悍的特征，因而楚人长期被中原国家看做是野蛮的异族。楚文化的兴起比中原文化迟，原始宗教——巫教的盛行可以说是楚文化落后的表现。但在其他方面，楚文化有许多地方甚至远远超过中原文化。

当时南方的楚国没有形成像北方国家那样严密的宗法政治制度，个人受集体的压抑较少，个体意识相应就比较强烈，这就造成了楚国艺术的高度发展，这是楚文化明显超过中原文化的一个方面。中原文化中，艺术包括音乐、舞蹈、歌曲，艺术主要被理解为"礼"的组成部分。与此不同，在楚国，艺术，无论娱神的还是娱人的，都是在审美愉悦的方向上发展，展示的是人的活跃的情感。就是在这样的背景下，楚地的歌谣演变成了楚辞。

内容概述

《楚辞》一书中选编了屈原的《离骚》《九歌》《天问》《九章》《远游》《卜居》《渔父》及宋玉的《九辩》《招魂》等名篇。

《离骚》：屈原的代表作，是带有自传性质的一部长篇抒情诗。全诗共三百七十多句，近2500字。"离骚"的解释有两种，一种是遭受忧患，一种是离别的忧愁。全诗大致分为两个部分。前一个部

分，从开头到"岂余心之可惩"，首先自叙家世生平，认为自己出身高贵，又生在一个美好的日子里，因此具有"内美"。他勤勉不懈地追求自我修养，希望辅佐君王，兴盛国家，实现"美政"的理想。但由于奸人的谗害和君王的动摇多变，使自己蒙冤受屈。在理想和现实的尖锐冲突之下，屈原表示"虽体解吾犹未变兮，岂余心之可惩"，显示了其坚贞的情操。后一部分极其幻漫诡奇。在向重华（舜）陈述心中愤懑之后，屈原开始"周流上下""浮游求女"，但这些行动都以不遂其愿而告终。在诗人的最后一次"飞翔"中，屈原由于眷恋祖国而再次流连。

《九歌》：也是《楚辞》中重要的作品，是祭神之歌，共 11 篇。《东皇太一》祭至尊之天神，《云中君》祭云神丰隆（又名屏翳），《湘君》《湘夫人》皆祭湘水之神，《大司命》祭主寿命之神，《少司命》祭主子嗣之神，《东君》祭太阳神，《河伯》祭河神，《山鬼》祭山神，《国殇》祭阵亡将士之魂，最后一篇《礼魂》是送神之曲。总的说来，《九歌》表达了对神灵的赞颂和祭者的虔敬之情，还描述了阵亡将士的勇烈悲壮。

《九章》：是屈原创作的一组抒情诗歌的总称，包括《惜诵》《涉江》《哀郢》《抽思》《怀沙》《思美人》《惜往日》《橘颂》《悲回风》9 篇。内容与《离骚》基本接近，主要是叙述自己不凡的身世、高洁独立的秉性、对国家命运的担忧和自己被排斥的遭遇，抒发一腔悲愤。

《天问》是《楚辞》中一首奇特的诗歌。所谓"天问"，就是列举出历史和自然一系列不可理解的现象，对天发问，探讨宇宙万事万物变化发展的道理。诗中一共提出 172 个问题，大致次序是先问天地之形成，次问人事之兴衰，最后归结到楚国的现实政治，表现出屈原为国焦虑、失望和悲愤，却又孜孜不倦的求索精神。

<<< **经典片段赏析**

路漫漫其修远兮，吾将上下而求索。

——《离骚》

长太息以掩涕兮，哀民生之多艰！

——《离骚》

悲莫悲兮生别离，乐莫乐兮新相知。

——《九歌》

屈原的一生为国为民，却遭到奸人的陷害。以致被楚怀王流放。当他看见自己的国家被强秦灭亡，悲愤之下，怀抱石头沉于汨罗江，端午节就是为纪念屈原而来。

史记 司马迁

相关内容

马迁（约公元前 145 年或前 135 年—?），字子长，夏阳（今陕西韩城南）人，西汉史学家、文学家。其父司马谈为西汉著名学者，精通百家，有志于论著"天下之史文"，未能如愿。司马迁少年时，随父游历并师从董仲舒、孔安国学习经史。20 岁时，司马迁开始漫游全国名山大川，探访古迹，考察各地民俗风情，采集各地民间传说，不久司马迁被擢为郎中，并常随武帝巡视各地。父亡后司马迁继任太史，为完成父亲遗志，广泛搜集资料，于公元前 104 年正式开始撰写《史记》。公元前 99 年，司马迁受李陵案牵连下狱，被施以宫刑，精神上受到极大打击，但他忍受巨大的痛苦，克服一己受辱之私念，将全部心血投入《史记》的著述中。到公元前 91 年，司马迁终以非凡的毅力、超群的才华完成了这部史学上的伟大著作。

背景介绍

《史记》是我国第一部纪传体通史，在中国散文史上也有很高的地位，是我国文化史上的一座丰碑。

《史记》是我国最早的通史巨著，上起传说中的黄帝，下迄汉武帝太初年间，前后约 3000 年的历史，包罗万象，融会贯通，脉络清晰，叙事完整，

司马迁与司马光并称"史界两司马"。

其中对战国、秦、汉的记述尤为详尽。全书包括 12 本纪、10 表、8 书、30 世家、70 列传，共 130 篇，近 53 万字。

《史记》取材广泛，忠于史实，许多对古史的记载已为出土文物史料所证实。它语言生动，文笔简洁，饱含情感，在文学史上也有很重要的地位。在史学思想方面，《史记》体现了司马迁"究天人之际，通古今之变，成一家之言"的史学目标。《史记》试图通过史传事迹的方式来思考天人关系，通过对历史的纵横剖析和人物描写来探讨古今治乱兴衰以及人生正道，体现了作者从历史学这个独特角度来思考中国古代文化精神的深刻思想。

《史记》还综合以往的史学成果，创造了一种比较完备的史书表述形式——纪传体，成为后来历代正史的楷模，对中国古代史学发展具有深远的影响。自班固的《汉书》开始近 2000 年来的史书创作基本都沿袭《史记》的体例。

内容概述

《史记》是一部史学名著，又是一部文学名著。它结构宏大，内容丰富，以"实录"著称。以下介绍一些精彩的片断：

"大泽乡起义"：秦二世元年二月，九百贫民被征到渔阳去驻防，陈胜、吴广也在其中。接连几天大雨，道路不通，驻防队伍即使赶到渔阳也会超过规定期限，将被处以死刑。陈胜、吴广带领大家起义，起义军攻城夺地，声势越来越大，威胁到统治者的地位，令秦

王朝如暴雨中的危楼摇摇欲坠。

"巨鹿之战"：秦军大败赵军，赵王不得已退守巨鹿城。楚怀王派宋义、项羽、范增去救赵国。宋义按兵不动，项羽杀死宋义，被任命为上将军。项羽带兵到巨鹿，打垮了秦军。

"鸿门宴"：当项羽跟秦王朝主力大战时，刘邦攻下咸阳。项羽进关后，要与刘邦一决雌雄，故在鸿门摆下酒宴，意图在席上杀掉刘邦。为避不利，刘邦假意在酒宴上向项羽谢罪，处处俯首贴耳，表示自己无意为王。喝酒时，范增暗示项羽杀刘邦，项羽没有回应。项庄舞剑欲杀刘邦，又被项羽叔父项伯阻挡了。项羽高傲自负，对刘邦消除了戒心。范增挥袖而去，断言：将来与项羽争夺天下者，必是刘邦，后来的事实果然印证了范增的预言。

⟨⟨⟨ 经典片段赏析

项王军壁垓下，兵少食尽。汉军及诸侯兵围之数重。夜闻汉军四面皆楚歌，项王乃大惊曰："汉皆已得楚乎？是何楚人之多也！"项王则夜起，饮帐中。有美人名虞，常幸从；骏马名骓，常骑之。于是项王乃悲歌慷慨，自为诗曰："力拔山兮气盖世，时不利兮骓不逝。骓不逝兮可奈何，虞兮虞兮奈若何！"歌数阕，美人和之，项王泣数行下，左右皆泣，莫能仰视。

——《史记·项羽本纪》

乐府诗集　郭茂倩

相关内容

郭 茂倩，北宋时郓州须城（今山东东平）人。元丰年间曾任河南府法曹参军。

背景介绍

"乐府"起源于秦。汉承秦制，汉代的乐府机关从秦代沿袭而来。不过秦代并没有建立专门的机构来采集民间歌谣，多唱前代旧曲，故真正的乐府诗歌始于汉代。

《乐府诗集》流传至今，有许多版本，后世考证乐府者，常以此作为凭据。

内容概述

《乐府诗集》是一部专收汉至唐五代乐府诗的诗歌总集，同时也编入部分汉以前传说的古歌辞。共 100 卷，内容丰富，分类精细。把汉至唐的乐府诗一共分为 12 类：（1）郊庙歌辞 12 卷，是祭祀用的。（2）燕射歌辞 3 卷，是宴会用的。（3）鼓吹曲辞 5 卷，是用短箫、铙鼓演奏的军乐。（4）横吹曲辞 5 卷，是用鼓角在马上吹奏的军乐。（5）相和歌辞 18 卷，是用丝竹相和，都是汉时的街陌歌谣。（6）清商曲辞 8 卷，源出于相和三调，都是古调，乃魏曹操、曹丕、曹植所作。（7）舞曲歌词5卷，分雅舞、杂舞。雅舞用于郊庙等，杂舞用于宴会。（8）琴曲歌辞4卷，有5曲、9引、12操。（9）杂曲歌辞18卷，杂曲的内容有写心志，抒情思，叙宴游，发怨愤等。（10）近代曲辞4卷，也是杂曲，因是隋唐的杂曲，所以称为近代。（11）杂歌谣辞7卷，是徒歌、谣、谶、谚语。（12）新乐府辞11卷，是唐代新歌。其中有鼓吹曲辞、横吹曲辞、相和歌辞、清商曲辞、杂曲歌辞、杂歌谣辞等6类，既有民歌又有文人拟作，堪称乐府诗的精品。它所反映的社会生活内容广泛，艺术成就也很突出，对中国文学史的影响十分深远。

《乐府诗集》中的作品或长于叙事，或重在抒情，或极尽夸张铺陈，或短小精悍，对唐及以后的诗词创作产生了深远的影响。

以下介绍一些著名篇章。

《上邪》：这是一首表白对心上人永不变心的爱情诗，主人公是一位指天发誓的女子。诗以"上邪"这一感叹语开头，使全诗产生一种强烈的感染力。接下去用了5种不可能发生的自然现象（山无陵、江水为竭、冬雷震震、夏雨雪、天地合）来表达对爱情忠贞不变的誓言。诗人的感情如火山爆发，炽热而又浓烈；又如江海奔腾，一泻千里，不可阻挡。

《江南》：这首诗以独特方式描写了一幅生动的江南采莲图。开始两句可看做是对过去的美好回忆，又似面对满塘莲花，抒发心中的喜悦之情。后五句在每句的最后一字有所改动："鱼戏莲叶间，鱼戏莲叶东，鱼戏莲叶西，鱼戏莲叶南，鱼戏莲叶北。"给人造成一种游鱼很多的视觉效果。同时，由于"鱼"在中国传统文化中具有丰富

此为篆书曹植乐府诗《白马篇》。

的内涵，从而使这首诗更具有独特的文化意蕴。

《木兰诗》：这是北朝民歌中最著名的长篇叙事诗，它成功地塑造了一位替父从军的女英雄的形象。木兰女扮男装，代父从军，功成之后放弃高官厚禄，毅然返回家中与父母亲人团聚，这已成为民间广为流传的故事。木兰善良而又勇敢的品质，集中地反映出中国北方人民的优秀品德。全诗结构紧凑，繁简得当，如木兰出征前准备马鞍、归来之后喜悦之情的描写都比较详细，而对其十多年的战争生活则一带而过，表现出作者过人的叙事能力。

〈〈〈 经典片段赏析

> 上邪！我欲与君相知，长命无绝衰。山无陵，江水为
> 竭，冬雷震震，夏雨雪，天地合。乃敢与君绝！
>
> ——《上邪》
>
> 青青河畔草，绵绵思远道。
>
> ——《饮马长城窟行》

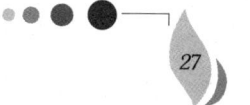
水浒传 施耐庵

相关内容

 于《水浒传》的作者，有四种说法：一、后人普遍认为是施耐庵，依据是胡应麟《少室山笔丛》。二、罗贯中，此说见于王圻《续文献通考》。三、施耐庵、罗贯中合作，此说见于明高儒《百川书志》，题为施耐庵集撰，罗贯中纂修。四、施耐庵作，罗贯中续。

施耐庵，中国元末明初小说家，与刘基、鲁渊、刘亮等交往甚密。著名古典小说《三国演义》的作者罗贯中也曾经是他的弟子。据《施耐庵墓志》记载他名子安，字耐庵，原籍苏州，后迁淮安，是元代至顺年间进士。相传，施耐庵出生于摆渡之家，13 岁入私塾读书，19 岁中秀才，29 岁或 30 岁中举。35 岁至 40 岁之间曾在钱塘为官两年，因与当道权贵不合，一任未满，便挂印而去。后来回到苏州著书。1356 年，张士诚率领农民起义，屡屡招施耐庵入军，均被婉言谢绝。1363 年他到常熟河阳山一带教书。明朝初年，施耐庵定居白驹镇。在此期间的三年中，刘基曾登门拜访，请他入朝为官，被他婉言谢绝。1370年，施耐庵卒于淮安。

背景介绍

《水浒传》所描述的故事，是北宋末

施耐庵塑像。

鲁智深倒拔垂杨柳是《水浒传》中的经典章节。

年宋江等起义的始末。宋江等起义的年代大约在宣和元年（1119年）至宣和三年（1121年），历时三年多。宋代说书技艺兴盛，在民间流传的宋江等三十六人的故事，很快就被说书人作为创作话本的素材，宋末罗烨《醉翁谈录》中记有小说篇目《青面兽》《花和尚》和《武行者》，说的便是杨志、鲁智深、武松的故事。

此外，有关《水浒传》话本的最早记载《石头孙立》可能也是水浒故事。

现在看到的最早写水浒故事的作品，是《大宋宣和遗事》（见《宣和遗事》），它可能出于元人之手，或为宋人旧本而元时又有增改。它所记载的水浒故事从杨志卖刀杀人起，经智取生辰纲、宋江杀惜、九天玄女授天书，直到受招安平方腊止，顺序和现在的《水浒传》基本一致。这时的水浒故事已由许多分散独立的单篇，发展为系统连贯的整体。

但由于《水浒传》歌颂的是农民起义，宣扬了反抗精神，遭到了历代统治者的仇视、禁毁和抵制。崇祯十五年（1642年）六月颁发了严禁《水浒传》出版的诏令，说其"贻害人心，岂不可限哉"！

清代康熙、雍正、乾隆、嘉庆、道光、咸丰等历朝，均有严禁《水浒传》出版的诏令，都认为它是"蛊惑愚民，诱以为恶"的贼书，应"一律严禁"。统治者之所以这么做是为了抵消《水浒传》的巨大影响。

《水浒传》继承与发展了中国古代小说与讲史话本的传统特色：作者以其高度的艺术表现力，生动丰富的文学语言，叙述了许多引人入胜的故事，塑造了众多个性鲜明的人物形象。故事极富传奇性，情节跌宕起伏，一波未平，一波又起，变幻莫测。每一个故事的高潮，都紧扣读者心弦。如拳打镇关西、智取生辰纲、宋江杀惜、武松打虎、血溅鸳鸯楼、江州劫法场等都是全书的经典章节。《水浒传》的语言是在口语的基础上，经过加工提炼创造而成的。其语言特色是明快、洗练、准确、生动。无论是作者的描述语言，还是作品人物的语言，许多地方都惟妙惟肖，充满浓厚的生活气息。简洁明快的语言，没有滞拙的叙事和冗长烦琐的景物描写。偶有写景文字，又极精彩。如武松不听酒家劝告，乘着酒兴只身上山，看了庙门上的告示，才知真的有虎，他稍微犹豫了一下，还是硬着头皮上了岗子。这里作者只用了两句话衬托当时的气氛和武松的心情，"回头看那日色时，渐渐地坠下去了"，武松"踉踉跄跄直奔过乱树林来"。既写出了老虎活动的时间，又写出了老虎出没的环境。《水浒传》的叙事，繁简得当，恰到好处，但同时又绘声绘色，鲜明生动。

《水浒传》人物语言的性格化达到了很高的水平，通过人物的语言不仅反映了人物的性格特点，而且将其出身、地位以及因所受文化教养而形成的习惯也准确地表达了出来。如李逵第一次见宋江，就问戴宗："哥哥，这黑汉子是谁?"戴宗责备他粗鲁，他不服，等戴宗向他介绍了情况，他还说："莫不是山东及时雨黑宋江!"他心里怎么想，口里就怎么说，他是个粗人，不懂得什么客套和应酬之事，不受礼节的约束，他刚上梁山便大发狂言："便造反怕怎地，晁盖哥哥便做大宋皇帝，宋江哥哥便做小宋皇帝……杀去东京，夺了鸟位。"像大宋皇帝、小宋皇帝这等话，只有李逵才说得出，是极富个性化的语言。鲁迅就曾经指出："《水浒传》和《红楼梦》的有些地方，是能使读者由说话看出人来的。"

内容概述

北宋末年宋徽宗当政，市井无赖高俅凭借踢得一脚好球，竟成了殿帅府太尉。他为人奸诈，小人得志，挟私报仇，迫使禁军教头王进携母逃往延安府，路过华阴县史家庄，收史进为徒。

史进因结识少华山好汉朱武等人被告发而逃往渭州，遇提辖鲁达。鲁达与史进、李忠在酒楼喝酒时，因不满恶霸横行乡里，第二天三拳打死"镇关西"，后逃到五台山削发为僧。他酒醉后又大闹山门，被迫离开五台山去东京大相国寺。到了东京大相国寺后，被派去看守菜园。鲁智深乘酒兴，倒拔垂杨柳大显神威，进而结识了禁军教头林冲。高俅之义子高衙内调戏林冲之妻，林冲怕得罪高俅，竟不敢动手教训高衙内。

高俅为让高衙内实现夺人之妻的目的，设计使林冲误入白虎节堂，借机将他刺配沧州，接着又指使差人在野猪林杀害林冲，幸得鲁智深将其救出。高俅仍不甘心，派陆谦、富安到沧州，火烧草料场，欲置林冲于死地。林冲大闹山神庙，杀了陆谦等人，雪夜上梁山。谁知梁山泊头领王伦嫉贤妒能，百般刁难，不愿收留。林冲被迫下山，与失陷生辰纲的军官杨志相遇，二人相互敬慕，随即成为好友。

晁盖、吴用、公孙胜等人在黄泥冈智取了生辰纲。杨志失陷生辰

纲后，晁盖等人逃往梁山泊避难。王伦还是不愿接纳，林冲忍无可忍，火并了王伦。从此，梁山泊以晁盖为首领，日益兴旺。

晁盖为报答宋江的救命之恩，派刘唐到郓城给宋江送信赠金。

不料宋江外宅阎婆惜因与张文远通奸，恐被宋江识破，就用宋江串通梁山之事相要挟，宋江怒杀阎婆惜，投奔柴进门下避难，在柴进处遇到武松，二人相见恨晚。

武松离家已久，决意回家探兄，不料武大郎之妻潘金莲与大财主西门庆通奸，趁武松去东京办事之机，毒死武大郎。武松回来后，为兄报仇，杀死了西门庆、潘金莲，之后向官府自首，被刺配孟州，得到了管营之子施恩的赏识，二人以兄弟相称。为了给施恩报仇，武松醉打蒋门神，夺回被蒋门神霸占的快活林。

蒋门神与张都监设计陷害武松，反被武松识破追到鸳鸯楼，杀死正在饮酒作乐的张都监、蒋门神等人，潜逃出城外。他又在孔明、孔亮的山庄遇见宋江。

宋江与武松分别后，到清风寨探望知寨花荣，遭到文知寨刘高陷害。宋江、花荣大闹清风寨后，准备投奔梁山泊。路遇石勇传假信，宋江回家奔丧，花荣等人先行上了梁山。宋江回家后被捕，发配江州，路上结识了众多英雄好汉。在江州与戴宗、李逵结为好友，后因在浔阳楼题反诗，被判死刑。梁山好汉得知后，劫了法场，在白龙庙小聚义后，宋江与众人一起上了梁山。从此，梁山泊以晁、宋为首，事业更加兴旺。

宋江下山接父，被追捕，逃入九天玄女庙，得九天玄女所授天书。宋江被救上山后，李逵又下山欲将其母接到梁山。李逵回家路上杀了专门唬人劫道的假李逵，回山途中，过沂岭时母亲为恶虎所害，李逵独入虎穴，杀了四虎，为民除害。庆功时李逵被人认出，有人向官府告发，李逵遭到拘捕。被救后，李逵带朱富等人上山入伙。

八百里水泊梁山是寻访水浒遗迹、体验水浒遗风、感受水浒精神的理想目的地。

宋江派戴宗下山找公孙胜，结识了石秀、杨雄。杨雄妻潘巧云与和尚裴如海私通，石秀、杨雄杀裴如海、潘巧云，准备投奔梁山，路过祝家庄受辱。祝家勾结官府，欺霸一方，誓与梁山泊作对。宋江带兵攻打祝家庄，两次进攻均告失利。此时，在登州发生了猎户解珍、解宝被恶霸地主毛太公诬陷入狱事件。顾大嫂、孙新与登云山头领邹渊等联合，迫使登州军马提辖孙立造反，共同劫狱救出解珍、解宝，一起投奔梁山泊。吴用利用这个机会，一方面拆散祝家庄与扈家庄、李家庄的联盟，另一方面利用孙立与祝家庄教师栾廷玉的师兄弟关系，使孙立等人进入祝家庄，里应外合，终于攻破祝家庄，军威大振。

郓城县都头雷横因受侮辱，打死白秀英，被捕入狱。都头朱全放走雷横，被官府刺配沧州。为邀朱全上山，李逵趁朱全带知府儿子观灯之际，杀死知府之子，迫使朱全上山。朱全恨李逵所为，不愿与他谋面，为此，李逵只得在柴进庄上暂住。知府高廉之妻弟殷天锡强占柴进叔父的花园，被李逵打死，柴进因此陷入死牢。宋江派戴宗、李逵去罗真人处请回公孙胜，破高廉妖法，救出柴进。卢俊义攻打东昌府，遇猛将张清，进攻受挫。宋江带兵支援东昌府，设计收降了张清。至此，108 好汉聚义水泊梁山。传言108 人乃是天罡星、地煞星降世。英雄排座次，宋江高坐第一把交椅，从此，梁山事业发展到了顶峰。

在梁山泊庆祝重阳节的菊花会上，宋江写了《满江红》词，透露出"望天子降诏，早招安"的想法，遭到李逵、鲁智深等人的强烈反对。宋江带柴进、燕青、李逵等在元宵节潜入京师观灯，在回山途中，李逵听说宋江、柴进抢了刘太公的女儿，上山后便大闹忠义堂，砍倒杏黄旗。经过当面对证，才知道是强盗假冒宋江之名所为，李逵立即向宋江"负荆请罪"，并铲除了假宋江及其同伙。燕青、李逵到泰安打擂，惊动了泰安府。朝廷派陈宗善太尉来招安。阮小七倒换御酒，李逵扯碎圣旨骂钦差。朝廷招安失败后，又用武力征剿梁山泊。梁山义军屡战屡胜。但是，宋江为争取招安，通过宿元景、李师师让皇帝知悉内情，同意招安。

宋江等好汉接受招安后，被朝廷派去征辽，征田虎、王庆，最后又去征方腊。梁山泊的头领在征方腊的过程中，死伤过半；奸臣们为斩草除根，设计毒死宋江、卢俊义。宋江临死前，怕李逵造反，也让李逵喝了毒酒。宋江死后，吴用、花荣在宋江墓前自缢。后宋徽宗梦游梁山泊，知晓真情后建立祠堂，将梁山泊好汉宋江等108 人均封侯称神。

《水浒传》故事情节可分为六大部分，第一部分写鲁智深、林冲、杨志、宋江、吴用、武松、李逵等108 名英雄好汉被逼上梁山的经过；第二部分写梁山起义军同官军对抗作战，后又一起受朝廷招安；第三部分写宋江等奉命征辽；第四部分写宋江等征田虎；第五部分写宋江等征王庆；第六部分写宋江等征方腊至最后失败。

《水浒传》称得上是一部农民起义的史诗，它形象地描绘了北宋

末年农民起义从发生、发展直至失败的全过程，深刻揭示了当时起义的社会根源，也歌颂了起义英雄的豪情壮举，揭露了他们的反抗斗争及起义失败的内在历史原因。《水浒传》无论在文学还是艺术方面都取得了巨大的成功。

〈〈〈　经典片段赏析

　　扑的只一拳，正打在鼻子上，打得鲜血迸流，鼻子歪在半边，却便似开了个油酱铺，咸的，酸的，辣的，一发都滚出来。郑屠挣不起来，那把尖刀也丢在一边，口里只叫："打得好！"鲁达骂道："直娘贼！还敢应口！"提起拳头来就眼眶际眉梢只一拳，打得眼棱缝裂，乌珠迸出，也似开了个彩帛铺的，红的，黑的，绛的，都滚将出来。两边看的人惧怕鲁提辖，谁敢向前来劝？郑屠当不过讨饶。鲁达喝道："咄！你是个破落户！若是和俺硬到底，洒家便饶了你！你如何叫俺讨饶，洒家却不饶你！"又只一拳，太阳上正着，却似做了一个全堂水陆的道场，磬儿、钹儿、铙儿一齐响。

　　　　　　　——第三回《史大郎夜走华阴县　鲁提辖拳打镇关西》
　　　　　　　　　　　　　　　　　　——《水浒传》

三国演义 罗贯中

相关内容

国古代著名的长篇小说《三国演义》全名为《三国志通俗演义》，是罗贯中的代表作。罗贯中是元末明初人，名本，号湖海散人，山西太原人。相传是《水浒传》作者施耐庵的学生。明代贾仲明说他"与人寡合，乐府、隐语，极为清新"。罗贯中是一个文才卓著而又个性特异的下层文士，并且有志于建功当世。有人说，罗贯中是"有志图王者"，但在明朝建立后，罗贯中的抱负落空，至此他也结束了自己的政治生涯，一心致力于通俗文学的创作。他博览群书，著作颇丰，写过几十部小说、戏曲，但现存的由他编著的小说只有《三国志通俗演义》《隋唐志传》《残唐五代史演传》《三遂平妖传》和杂剧剧本《风云会》等寥寥几部。这些小说多数曾被后人增删，现已面目全非，只有《三国演义》和《三遂平妖传》基本保留着原作的面貌。除此以外，《水浒传》一书，也有说是罗贯中著或施耐庵作、罗贯中编的。

《三国演义》是我国历史上最杰出的长篇历史小说之一，它的成功，使罗贯中成为中国小说史上一位举足轻重的作家。

背景介绍

《三国演义》是中国章回体小说的开山

罗贯中把"桃园三结义"的故事，放在了《三国演义》开篇的第一回"宴桃园豪杰三结义斩黄巾英雄首立功"中，为"拥刘反曹"定了基调。

之作，它是由我国宋代和元代的讲史话本发展而来的。元末明初，城市经济的高度发展，为明代文学创作的繁荣提供了新的因素和有利条件。适应市民文化娱乐需要的通俗文学特别昌盛，从而促进了章回小说的诞生。

《三国演义》同其他稍后一些的章回小说一样，是在民间长期流传，经说书人或戏曲艺人补充，丰富内容，最后由作家加工改写而成的。初期的章回小说，一部作品可分为若干卷，每卷又分若干节。到了明代中期以后，就形成了我们现在看到的各种版本的古代章回小说：每部小说明确地分为多少回，回目也由单句发展成为工整的对句。

《三国演义》的故事很早以前就已经在民间流传了。据杜宝《大业拾遗记》记载，"曹操谯水击蛟""刘备檀溪跃马"等故事，在隋炀帝时期的水上杂戏中就有。据刘知几的《史通·采撰》记载，唐初时有些三国故事已"得之于道路，传之于众口"。李商隐的《骄儿》诗说："或谑张飞胡，或笑邓艾吃。"晚唐时，三国故事已经到了童叟皆知的程度。宋元时代通过艺人的表演说唱，三国故事更为流行。根据《东京梦华录》记载，北宋时已出现了"说三分"的专家霍四究，同时皮影戏、傀儡戏、南戏、院本也有搬演三国故事的经历。这时的三国故事已有明显的"尊刘贬曹"倾向。苏轼《东坡志林》中记载："王彭尝云：涂巷中小儿薄劣，其家所厌苦，辄与钱，令聚坐听古

话。至说三国事，闻刘玄德败，频蹙眉，有出涕者；闻曹操败，即喜唱快。"宋元时代，三国故事更是经常被搬上舞台。元代以三国故事为题材的平话小说《全相三国志平话》中"拥刘反曹"的倾向已很鲜明，刘、关、张等人都富有草莽气息。金元演出的三国剧目有《三英战吕布》《赤壁鏖兵》《隔江斗智》等30多种。由此可见以三国故事为题材的白话小说，可能很早就产生了。现存早期的三国讲史话本，有元至治年间所刊的《三国志平话》，不仅拥刘反曹的倾向十分鲜明，而且对刘、关、张等人的描述均栩栩如生，其中张飞的形象最为生动，诸葛亮的神机妙算也写得很突出，但情节与史实相违，民间传说色彩较浓；而且叙事简略，文笔粗糙，人名地名多有谬误，显然没有经过文人的修饰。与此同时，现存三国故事的回目共有四十多段：桃园结义、过五关斩六将、三顾茅庐、赤壁之战、单刀赴会、白帝城托孤等。此后罗贯中"据正史，采小说，证文辞，通好尚"，创作出了杰出的历史小说《三国志通俗演义》。《三国演义》在民间文学的基础上加入了文人创作，罗贯中充分运用《三国志》和《裴松之注》等史籍所提供的材料，重要历史事件都与史实相符；又大量采录话本、戏剧、民间传说的内容，在细节处多有虚构，形成"七分史实，三分虚构"的一部规模宏大、影响深远的古典历史名著。

《三国演义》达七十余万字，结构宏伟，人物众多，情节错综复杂，生动地反映了从黄巾起义到西晋统一这九十多年中，各封建统治集团之间的政治、军事斗争，再现了三国时期的历史面貌。但《三国演义》不是史书，而是一部文学巨著。作品中那些脍炙人口的故事，像桃园结义、古城会、三顾茅庐、借东风、群英会、空城计等几乎是家喻户晓的；那些闪烁着艺术光辉的典型人物，如诸葛亮、刘备、关羽、张飞、赵云、曹操、周瑜等，几乎是老幼皆知的。在中国文学史上，像《三国演义》《水浒传》《西游记》《红楼梦》等长篇巨著，都是长期深受读者喜爱的优秀作品。

作品构思之雄伟、活动场面之广阔、人物形象之鲜明、艺术水准之高超，在世界古典小说中独树一帜。统治者因该书"拥刘抑曹"的正统倾向而大加推崇，并从中汲取统治和驭人之术；布衣百姓则从中领略军事智慧，并对故事情节津津乐道；农民起义领袖奉该书为军事宝典，从中学习战略战术；饱经世故之人又视该书为谋略宝库，潜心钻研保家安身之道。该书中的故事和人物深入人心，在社会上产生了极其广泛而深刻的影响。

同时，随着中外文化的交流，《三国演义》的名声也远播于海外，被译成朝、越、日、英、法、德、俄等几十种文字传遍世界各地。俄罗斯汉学家称赞该书是"一部真正丰富人性的杰作"；法国学者认为"在历史小说中，《三国演义》是最著名的一部"；在崇拜英雄的美国社会，人们夸奖"《三国演义》是描写英雄业绩的一部早期的杰作"；英国学术界一致推崇《三国演义》为"史诗般的作品"；在日本，《三国演义》拥有十分广泛的读者群，甚至超过日本的原创小说。

内容概述

《三国演义》描写了从公元184年到公元280年近百年间的魏、蜀、吴三国兴亡盛衰的历史进程。

东汉末年，朝政腐败，盗贼蜂起。有巨鹿郡张角讹言："苍天已死，黄天当立；岁在甲子，天下大吉。"拥徒众四五十万起兵造反。幽州太守出榜招募义兵，榜文行到涿县，引出三位英雄。一人姓刘名备，字玄德，本为中山靖王刘胜之后，因家道衰落，以贩卖麻鞋、织席为生；另一人姓张名飞，字翼

三国时代的乱世枭雄曹操之塑像。

德，以卖酒杀猪为业，收入颇丰；第三人姓关名羽，字云长，因杀人逃难江湖。三位豪杰脾性相投，相逢恨晚，乃于张飞庄后桃园祭告天地结为兄弟，当下拜玄德为兄，关羽次之，张飞为弟，聚乡中勇士五百余人，来见太守。太守大喜，令他们统兵破贼。玄德率关、张卫涿州、救青州，会同各路人马，平定了黄巾贼。朝廷论功行赏，玄德只被授定州安喜县县尉。遂与关、张赴任，后因性情耿直，被人诬告，遂罢官投奔代州刘恢。

汉灵帝中平六年，帝崩。大将军何进被宦官谋诛，袁绍等又诛杀了宦官，整肃朝纲，朝廷乃召西凉刺史董卓进京。董卓兵到，废杀少帝、何太后，立陈留王刘协为帝，即汉献帝。

董卓凶残暴戾，无恶不作。他焚掠京城洛阳，劫持献帝迁都长安，百官敢怒而不敢言。司徒王允与府中歌伎貂蝉定下"连环计"，用美色离间董卓与其义子吕布的关系。最后董卓反被吕布杀死。

后来，青州黄巾余党又起，曹操大破之，降众三十余万，曹操择选其精锐，号称"青州兵"，自此威名大震，招贤纳士，威镇山东。徐州太守陶谦为与曹操结好，派兵护送其父曹嵩及一家四十余口赴兖州。不料其部下见财起恶念，尽杀曹嵩全家后逃去。曹操闻讯，哭倒于地，发起大军报仇，一路洗荡杀戮。

曹操既定大事，以刘备、吕布为心腹之患。乃听从谋士的计谋，策动刘备与袁术二虎相争。吕布乘机袭夺了徐州。刘备折兵大半，被吕布追得无路可走，只得投奔曹操，操荐刘备领豫州牧。袁术称帝于淮南，曹操会合孙策、刘备、吕布进攻袁术，并在寿春打败了袁术。当时北方的袁绍正在进攻公孙瓒，袁绍灭掉公孙瓒后，声势盛极一时，而袁术众叛亲离，欲投其兄袁绍。刘备乘此时机，以奉诏截击袁术为名，逃脱曹操的控制。袁术败死，刘备再次占据徐州，联络袁绍，共抗曹操。袁绍与曹操决战于官渡，被曹操劫烧乌巢粮草。袁绍战败身亡后，刘备战败投靠刘表，曹操随即平定了中国北方。

刘备受蔡瑁等猜忌，屡遭暗算，驻扎于新野小县，抵御曹军。经水镜先生、徐庶等人推荐，刘备三顾茅庐而得诸葛亮辅佐，从此如鱼得水。赤壁之战后，曹操挟献帝而称魏王，用天子之仪喝令诸侯。刘备进兵汉中，老将黄忠斩曹将夏侯渊，曹操弃汉中退回许昌。刘备占领巴蜀全境，自立为汉中王，后来关羽败走麦城，被孙权擒杀。曹操中风身死，曹

三顾茅庐是刘备三次诚访诸葛亮出山辅佐的故事，此后传为佳话。

丕继位，废汉献帝，自立为帝，即魏文帝，汉灭。刘备在成都称帝。刘备不听诸葛亮、赵云劝谏，尽起大军伐吴，为关羽报仇。伐吴途中，张飞被部将杀害。孙权结好曹魏，派陆逊率军迎敌，火烧连营七百里，大破刘备。刘备退到白帝城，病故。临终托孤于诸葛亮，太子刘禅继位。

刘禅昏庸无能，诸葛亮鞠躬尽瘁辅佐幼主，力挽危局，直至病死于五丈原军中。魏将司马懿深有谋略，与诸葛亮连年对敌，又设计铲除了政敌曹爽，独霸朝纲。曹魏名存实亡，政权把持在了司马氏手中。司马昭遣大将钟会、邓艾分兵伐蜀。刘禅投降，蜀国灭亡。司马昭病死后，其子司马炎继位为晋王，逼曹奂禅位，为晋武帝，曹魏灭亡。太康元年（公元280年），晋武帝派大将杜预率水陆两路大军进伐东吴，吴主孙皓投降，吴国灭亡。三国归晋，天下统一。

《三国演义》全书共一百二十回，声势浩大，故事波澜壮阔，情节跌宕起伏，人物性格鲜明饱满，是我国古典长篇历史小说的最高成就。

⟨⟨⟨ 经典片段赏析

忽探子来报："华雄引铁骑下关，用长竿挑着孙太守赤帻，来寨前大骂搦战。"

绍曰："谁敢去战？"袁术背后转出骁将俞涉曰："小将

愿往。"绍喜，便著俞涉出马。即时报来："俞涉与华雄战不三合，被华雄斩了。"众大惊。太守韩馥曰："吾有上将潘凤，可斩华雄。"绍急令出战。潘凤手提大斧上马。去不多时，飞马来报："潘凤又被华雄斩了。"众皆失色。绍曰："可惜吾上将颜良、文丑未至！得一人在此，何惧华雄！"

——《三国演义·第五回》

西游记　吴承恩

相关内容

承恩（约1500年—约1582年），明代小说家，字汝忠，号射阳山人，原籍安东（今江苏涟水），后迁居山阳（今江苏淮安）。吴承恩出生在一个由书香门第而败落的小商人家庭。他的曾祖父和祖父做过训导和教谕的学官。其父吴锐经营丝线铺。吴承恩小时候就很聪明，博览群书，诗才超群，"以文鸣于淮"，而且很喜欢神异故事，爱读"野言稗史"。据他在《禹鼎序》里回忆，他在读这些书的时候，往往遭到伯父和老师的训斥，于是藏在偏僻的地方阅读，随着年龄的增长，这种爱好更强烈了。这为他后来撰写《西游记》奠定了充分的创作基础。

　　吴承恩虽然文才很好，也多次参加科举考试，但始终不得志，屡试落第，直到三十多岁才补上岁贡。后来由于家庭贫困，曾经做过短期的长兴县县丞。县丞是县官的副职，根本不足以称道。这种潦倒穷困的生活，养成了他桀骜不驯的性格。他在一首词中曾说："狗有三升糠分，马有三分龙性，况丈夫哉！"他在穷困的晚年，依然保持着那种傲岸的个性。他给我们留下的诗文作品有《射阳先生存稿》四卷，《续稿》一卷。在他的诗、词、文中，以诗写得最好，近体诗技巧相当纯熟，尤其是长篇歌行体很在行，艺术风格近于李白。其代表作有《二郎搜山歌图》。

背景介绍

　　《西游记》是我国古典四大名著之一，是一部在中国文学史上产生过巨大影响的长篇神话小说，是中国古代神魔小说的代表作。它那令人荡气回肠的宏伟结构，是吴承恩在对传统题材改造的基础上创作而成的。

《西游记》虽然采用了传统题材，但它却是一个时代的产物。作者生活在弘治至万历时期（约1500年—约1582年），当时，我国正处于明朝中叶，出现了一股明显的反理学统治、要求个性解放的思潮，

图为吴承恩像。

出现了像李贽那样反传统的思想家，还有公安派那样主张直抒个人心灵的诗人和小品文作家，以及大量表现市民感情的小说和戏曲。吴承恩在《西游记》中所表现出的那种蔑视皇权的精神，也正是当时思想解放潮流在文学创作上的表现。当时，明代统治阶级腐朽没落，社会矛盾日趋尖锐，是政治上十分黑暗的时期。吴承恩对这种政治腐败和世风堕落十分愤慨，在这样的社会现实中，作者笔下斩邪除妖的英雄人物便出现了。

《西游记》的故事经历了一个漫长的演变历程。《西游记》所描写的唐僧取经的故事是由玄奘远赴天竺取经的经历演绎而成的。唐太宗贞观元年（公元627年），玄奘和尚不顾禁令，偷越国境，历经百余国，只身一人前往天竺（今印度）取回佛经657部。玄奘向其弟子辩机口述西行见闻，并由他整理写成了《大唐西域记》。他的弟子慧立、彦琮又写成《大唐大慈恩寺三藏法师传》，用以记述玄奘取经事迹。为了宣传佛教并颂扬师父的业绩，他们不免夸大其辞，并插入一些带有神话色彩的故事，如狮子王劫女为子、西女国生男不举，迦湿罗国"灭坏佛法"等。此后取经故事便在社会上广泛流传，

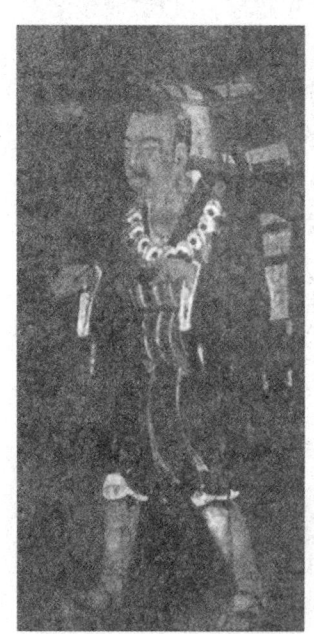

唐朝著名的三藏法师，汉传佛教史上最伟大的译经师之一。

愈传愈离奇。在《独异志》《大唐新语》等唐人笔记中，取经故事已带有浓厚的神话色彩。南宋的说经话本《大唐三藏取经诗话》，开始把各种神话与取经的故事穿联起来，书中出现了猴行者。他原是"花果山紫云洞八万四千铜头铁额猕猴王"，化身为白衣秀士，来护送三藏。他神通广大、足智多谋，一路杀白骨精、伏九馗龙、降深沙神，使取经事业得以"功德圆满"。

这是取经故事的中心人物由玄奘逐渐变为猴王的开端。猴行者的形象多源于我国古代的志怪小说。《吴越春秋》《搜神记》《补江总白猿传》等书中都有白猿成精作怪的故事，而李公佐的《古岳渎经》中的淮涡水怪无支祁的"神变奋迅"和叛逆性格同取经传说中的猴王尤为接近。书中的深沙神则是《西游记》中沙僧的前身，但还没有出现猪八戒。到元代时，又出现了更加完整生动的《西游记平话》，其主要情节与《西游记》已非常接近。由宋至明，取经故事也经常出现在戏剧舞台上。宋元南戏有《陈光蕊江流和尚》，金院本有《唐三藏》，元代吴昌龄有《唐三藏西天取经》杂剧，元末明初有《二郎神锁齐天大圣》和杨景贤的《西游记》杂剧。在吴承恩创作《西游记》以前，取经故事已经以各种形式在社会上广为流传。

 ## 内容概述

话说东胜神洲傲来国的海中有一座花果山，山顶上一仙石孕育出一石猴。石猴在所居洞水源头寻到名为水帘洞的石洞，被群猴拥戴为王。过了三五百年，

孙悟空的任务形象"隐喻着"吴承恩对心目中理想人物的追求，意味着作者希望培育社会的一个理想人格来使国家天下达到太平。

石猴忽然为人生无常、不得久寿而悲啼。据一老猴指点，石猴经南赡部洲到西牛贺洲，上灵台方寸山，入斜月三星洞，拜见菩提祖师，被收为徒，起名为孙悟空。悟空从祖师处学得长生之道、七十二般变化及"筋斗云"。一日，悟空受众人挑唆，变为松树，引起祖师不快，被逐出师门。悟空回到花果山，与占山妖魔厮斗取胜，带回被掳的众猴。并用魔法将缴来的国库馆里的兵器全搬进山中，操练群猴。山中妖、兽纷纷拜悟空为尊。悟空向东海龙王讨得重达一万三千五百斤的如意金箍棒，又到幽冥界勾掉猴属在生死簿上的姓名。龙王和阎王表奏玉帝，请求降伏妖猴。玉帝派太白金星赴花果山招安悟空。悟空被授以"弼马温"之官，后来他得知此官为末等之职，一怒之下回到花果山。玉帝命托塔李天王与其子哪吒捉拿悟空，不料众神被悟空打败。太白金星再次招安悟空。

玉帝下令建造了齐天大圣府，让悟空居住。后又因王母的蟠桃会未请孙悟空，于是悟空借管理蟠桃园之机，吃尽园中大桃，又赴瑶池，喝光仙酒，吃尽太上老君葫芦内的金丹，逃回花果山。玉帝令托塔李天王率天兵天将去捉拿悟空，悟空打退了众天神。南海观音差徒弟木吒助天王，亦被打败，观音又荐二郎神。二郎神与悟空大战，太上老君在天上观战，丢下金钢琢，击中悟空，众神将其押回上界，玉帝传旨处死却无法将其杀死。太上老君将悟空置入炼丹炉内烧炼，七七四十九天后，悟空踢翻炼丹炉出来，大闹天宫。玉帝请来如来佛收伏悟空，孙悟空一路筋斗云，跳不出佛掌，如来将五指化为大山，压住悟空，命土地神用铁丸和铜汁来饲喂悟空。

五百年后，如来佛欲寻一信徒取经，使佛法永传东土。于是观音率木吒，带着袈裟、锡杖和金、紧、禁三个头箍，驾云前往。一路上收伏猪悟能、沙悟净和小白龙，劝化孙悟空，让他们共保唐僧取经。

陈光蕊喜中状元，被招为宰相女婿，任为江州州主。上任途中，被船家刘洪害死，其妻被抢，刘洪冒名赴任。陈被龙王救活，收于龙宫。其妻生子，抛于江中，被金山寺长老所救，起名江流，后又起法名玄奘。长老为其说知身世，玄奘寻见母亲，后径往京师，找外祖诉冤。刘洪被处极刑，陈光蕊还阳。玄奘人洪福寺继续修行。

猪八戒是作者吴承恩在这部作品中着力塑造的一个喜剧典型。在他的身上既有人的吃苦耐劳、憨厚率直的品质以及贪婪自私的本性，又有神的本领以及猪的外形。

泾河龙王为使算卦人袁守诚预卜落空，私改降雨时辰和雨量，继而以所占失准捣毁了袁守诚的卦铺。袁守诚断言龙王因违旨将被唐朝丞相魏徵处斩，并让龙王向唐太宗求生路。太宗梦龙王求情，许之，命魏徵入朝随侍，使其不能斩老龙。魏徵与太宗对弈时，梦斩老龙，当晚太宗梦龙王索命，自此身心不安而患病。为防鬼祟，他令尉迟恭、秦叔宝夜守宫门。太宗不久亡故，在阴间遇魏徵旧友、现为阴间判官的崔珏，为太宗添阳寿二十年。还阳途中，太宗被冤鬼纠缠，散金银给众鬼而脱身。唐太宗还魂，登朝宣布大赦天下，严禁毁僧谤佛。众人推举玄奘主持水陆大会，太宗许之。观音菩萨变成疥癞游僧，将锡杖袈裟献给太宗，太宗将其赐予玄奘。观音上台对玄奘言大乘佛法的妙处，玄奘愿去西天，太宗封其为"御弟圣僧"，赐号为"三藏"，并亲自为他送行，前往西天（即印度）取经。

唐僧骑马西行，出边城，夜登双叉岭，被虎魔王部下生擒。太白金星搭救了唐僧。唐僧行至两界山，忽听喊声如雷："我师傅来也！"叫喊者正是孙悟空。唐僧收悟空为徒。西行路上，悟空打死6个抢劫的强盗，唐僧抱怨不已，悟空纵云离开了唐僧。观音遂授唐僧紧箍咒。悟空接受龙王劝告，重来保护唐僧，戴上了紧箍，表示不再违背师言。

途经蛇盘山，马匹被鹰愁涧中的潜龙吞食。观音召出恶龙，将其变为白马赐给唐僧当坐骑。行至观音禅院，老主持为谋占袈裟，欲纵火烧死唐僧师徒，悟空从天界借得避火罩罩住唐僧。自己在一边鼓风，火烧净禅院。黑风山的熊怪趁火偷走袈裟，悟空上山寻妖索要袈裟。悟空见一黑汉正与一道士和一白衣秀士商量开佛衣会事。遂打死白衣秀士蛇怪，与黑汉熊精相斗。悟空在洞外打死一小妖，得到请帖，变为老主持赴会。不料被识破，只好请来观音。观音变为道士，劝熊怪服下悟空变的仙丹。悟空在其肚内使熊怪痛不可忍，熊怪只好交回袈裟，皈依佛门。

高老庄高太公因妖怪入赘其家请求降妖。悟空变为太公之女，迷惑妖怪。妖怪变化为狂风而逃，悟空紧追。妖怪入洞取出九齿钉耙与悟空大战。当听悟空说为保护唐僧取经路过此地，妖怪丢下钉耙，跟悟空去拜唐僧，唐僧为其取名猪八戒。三人到浮屠山，逢乌巢禅师，从其处得《心经》一卷。

流沙河中妖怪又抢唐僧，八戒、悟空去迎战，妖怪钻入水中，不肯上岸。悟空去见观音，观音让木吒与悟空同去。木吒叫出妖怪悟净，悟净以颈下骷髅结成法船，渡唐僧过河。骊山老母与观音、普贤、文殊菩萨变成母女四人，意在试探四人禅心是否坚定，唯八戒禅心不坚被捆。

万寿山五庄观中有人参果树，千年一结果，吃后可长生不老。观主镇元子教二童子以人参果款待唐僧。唐僧误认人参果为婴儿而未敢取食。

悟空偷果三个，与八戒、沙僧分食。八戒嫌少，絮絮叨叨。二童子得知悟空等偷吃人参果后大骂唐僧。悟空难忍辱骂，将树掀倒。二童设计把唐僧师徒锁入正殿。师徒连夜逃走。镇元子纵云赶上，以袍袖将唐僧一行尽笼而回。到夜间师徒再次逃出，又被镇元子笼回。镇元子命将悟空下油锅炸，却被悟空以石狮代替自己将锅砸穿。悟空为医活果树，拜见观音，观音与悟空同来，复活了果树。镇元子开人参果会，款待观音、诸仙与唐僧师徒，并与悟空结为兄弟。

唐僧师徒继续西行。唐僧遣悟空去化斋饭，山中妖精，一变美女，二变老妇，三变老翁，迷惑唐僧。悟空打死妖精，唐僧大怒，逐走悟空。悟空回到花果山，说从今以后再不去西天取经，要留在花果山。这时唐僧误入妖穴被擒，八戒、沙僧与老妖黄袍怪在半空中厮杀。唐僧在洞内见一妇人，自称是宝象国公主，13年前被黄袍怪摄来。公主劝老妖精释放唐僧。行至宝象国，唐僧向国王递上妇人所托书信。国王恳求八戒、沙僧降妖救女，二人应诺，迎战黄袍怪，八戒难敌，钻入草丛躲藏，沙僧被黄袍怪摄入洞中。黄袍怪变

为一美男子，前往宝象国探望岳丈国王，将唐僧变为猛虎。白龙马为救唐僧变化为宫娥，举刀暗算黄袍怪，却被黄袍怪打伤。八戒要回高老庄，白龙马劝他去找悟空。八戒去找悟空，悟空拒绝回来，八戒下山大骂悟空，被众猴捉回。八戒用激将法使悟空当下随他前来。悟空变成公主痛哭，吞下妖怪的内丹舍利，使妖怪现出本象，一路棍棒打得妖怪无影无踪。悟空去天界查访方知黄眉怪为奎木狼所变，星神念动咒语，将那私自下凡作怪的奎木狼收回。悟空将公主带回宝象国，并使唐僧恢复原身。

师徒四人又经历了千难万险终于取得真经，回到长安，受到唐太宗和众官的欢迎。次日，太宗升朝，宣《圣教序》以谢唐僧取经之功，又纳萧瑀之议，请唐僧去雁塔寺演诵经法。唐僧捧经登台，忽听八大金刚召唤，便腾空而去西天。如来授唐僧为旃檀功德佛，孙悟空为斗战胜佛，猪八戒为净坛使者，沙僧为金身罗汉，白龙马为八部天龙。

《《《 经典片段赏析

好大圣，摇摇摆摆，仗着酒，任情乱撞，一会把路差了，不是齐天府，却是兜率天宫。一见了，顿然醒悟道："兜率宫是三十三天之上，乃离恨天太上老君之处，如何错到此间？也罢，也罢！一向要来望此老，不曾得来，今趁此残步，就望他一望也好。"即整衣撞进去。那里不见老君，四无人迹。原来那老君与燃灯古佛在三层高阁朱陵丹台上讲道，众仙童、仙将、仙官、仙吏都侍立左右听讲。这大圣直至丹房里面，寻访不遇，但见丹灶之旁，炉中有火。炉左右安放着五个葫芦，葫芦里都是炼就的金丹。大圣喜道："此物乃仙家之至宝。老孙自得道以来，识破了内外相同之理，也要炼些金丹济人，不期到家无暇。今日有缘，却又撞着此物，趁老子不在，等我吃他几丸尝新。"他就把那葫芦都倾出来，就都吃了，如吃炒豆相似。

——第五回《乱蟠桃大圣偷丹　反天宫诸神捉怪》

牡丹亭 _汤显祖_

 相关内容

汤显祖（1550 年—1616 年），字义仍，号若士，又号海若、清远道人，号玉茗堂主人，江西临川人。明代伟大的戏剧家、文学家。

汤显祖一生蔑视权贵，不肯趋炎附势，因此经常得罪人。他早年参加进士考试，因拒绝内阁首辅张居正的招揽而落选。直到 33 岁时才中进士。中进士后，汤显祖拒绝了当时执掌朝政的张四维、申时行的拉拢而遭排挤，仕途坎坷，很不得志。汤显祖晚年潜心佛学，自称"偏州浪士，盛世遗民"，说"天下事耳之而已，顺之而已"，后又自号"茧翁"。

汤显祖的主要创作成就在戏曲方面，代表作是《牡丹亭》，它和《邯郸记》《南柯记》《紫钗记》合称《玉茗堂四梦》，又称《临川四梦》。他生前有《玉茗堂集》刊行。汤显祖也是世界文化伟人之一，日本学者青木正儿在《中国近世戏曲史》中，将他和莎士比亚并称为东西方交相辉映的两颗明星，有"东方的莎士比亚"之称。

背景介绍

《牡丹亭》全剧共五十五出，故事讲述了杜丽娘和柳梦梅的爱情故事，其中不少情节取自话本《杜丽娘慕色还魂》，但情节和主题上有较大的改动。该剧主要表

汤显祖画像。

现的是青年男女对自由爱情生活的追求，这与当时反对程朱理学的进步思想是一脉相承的。正是这种创作指导思想才使它在主题上高于同时代的其他爱情剧，并从中脱颖而出。《牡丹亭》可以说是一部充满积极浪漫主义的伟大杰作。该剧的成功之处在于对杜丽娘的人物描写上。剧中杜柳幽会、相思而亡、人鬼同居、还魂成婚的情节安排和描写也别具一格。本文通过极其浪漫夸张的艺术手法表现出当时社会要求个性解放的思想倾向。

 ## 内容概述

　　贫寒书生柳梦梅梦见在一座花园的梅树下站着一位佳人，从此便经常思念她。南安太守杜宝之女名丽娘，才貌端庄美丽，跟从师傅陈最良读书。她由于读《诗经·关雎》一章而产生伤春的情绪，于是由丫鬟陪同，去后花园游玩。回来后，在昏昏睡梦中，见一书生持半枝垂柳前来求爱，两人在牡丹亭畔相见。杜丽娘从此相思成疾日渐消瘦，一病不起。她在弥留之际要求母亲把她葬在花园的梅树下，嘱咐丫鬟春香将她的自画像藏在太湖石底。其父升任淮阳安抚使，委托陈最良葬女并修建梅花庵。

　　三年后，柳梦梅赴京应试，借宿梅花庵中，在太湖石下拾得杜丽娘画像，惊觉此人正是梦中见到的佳人。杜丽娘魂游后花园，和柳梦梅再度相见。于是，柳梦梅掘墓开棺，杜丽娘起死回生，两人结为夫妻。

〈〈〈　经典片段赏析

　　【醉扶归】你道翠生生出落的裙衫儿茜，艳晶晶花簪八宝填，可知我常一生儿爱好是天然。恰三春好处无人见。不提防沉鱼落雁鸟惊喧，则怕的羞花闭月花愁颤。

——《惊梦》（节选）

三言二拍　　冯梦龙　凌濛初

 相关内容

白话小说总集《三言二拍》是经宋元明三代汇编而成的。"三言"是指《喻世明言》《警世通言》《醒世恒言》，分别各四十卷，后经加工整理而成短篇小说一百二十篇。"二拍"是指《初刻拍案惊奇》《二刻拍案惊奇》，共计七十八篇短篇小说，一篇杂剧，"三言"与"二拍"总称为三言二拍。

三言的编者是冯梦龙（1574年—1646年），字犹龙，别署龙子犹，长洲（今江苏吴县）人。崇祯三年（1630年）被推举为贡士，后来升迁为福建寿宁知县，明朝灭亡时，相传他殉节而死。他以明末通俗文坛第一人而著称于世。三言中有的是他自己的创作，有的是改写而成。

二拍的编者是凌濛初（1580年—1644年），字玄房，号初成，别号为空观主人，浙江乌程人，历任上海县丞，代理知县等职，最后升任为徐川通判。据传崇祯十七年（1644年）李自成率军逼近时，他吐血而亡，他也是明朝通俗文坛的创作大家。

冯梦龙塑像。

 背景介绍

《三言二拍》是明末商品经济大潮冲击文化市场的产物，小说本身充满了浓厚的小市民审美情趣。但作者的创作态度又是严谨的，明确地表示要通过小说的"言"来起到教育人民，维护社会安定的作用。虽然我们能明显从小说中看到作者道德观中含有不少封建伦理的色彩，但他们仍能从创作中找寻对人民带来教育及启迪意义的态度是不可多得的。

《三言二拍》共计小说一百九十八篇。宋元话本约占三分之一，大多为明代话本和文人的拟作，但都是经过冯梦龙和凌濛初整理、润色后仔细编写而成的，有着明显的新时代特色。一类作品是肯定经商致富的行为，歌颂商人之间的友谊及共同合作的融洽，如《转运汉遇巧洞庭红　波斯胡指破鼍龙壳》；另一类作品歌颂了中下层市井妇女的美德，如《杜十娘怒沉百宝箱》。还有一类作品着重揭露了社会各种丑恶、黑暗的现象。其语言看似不加雕饰，但极具个性化。

内容概述

《喻世明言》：原名《古今小说》。本书所收话本多数为宋、元旧作，少数为明人新作。如《史弘肇龙虎君臣会》《宋四公大闹禁魂张》等是宋、元旧作，《蒋兴哥重会珍珠衫》《沈小霞相会出师表》等是明人所创新作。还有一部分作品是经明人改编旧作而来，如《新桥市韩五卖春情》《闹阴司司马貌断狱》等。这些小说中，以描写市井民众的作品最为引人注目，比如《宋四公大闹禁魂张》写东京开当铺的张富爱财如命，欺凌一个乞讨为生的穷苦人，引起"小番子闲汉"宋四公的不平，夜晚偷取张富的财宝，终致张富破产自杀。《沈小官一鸟害七命》，写一个机户的儿子爱鸟被杀的"公案"故事。这些故事与市井民众的生活极其贴近。

《警世通言》：共收作品四十篇，其中宋、元旧作占了近一半，如《陈可常端阳仙化》《崔待诏生死冤家》

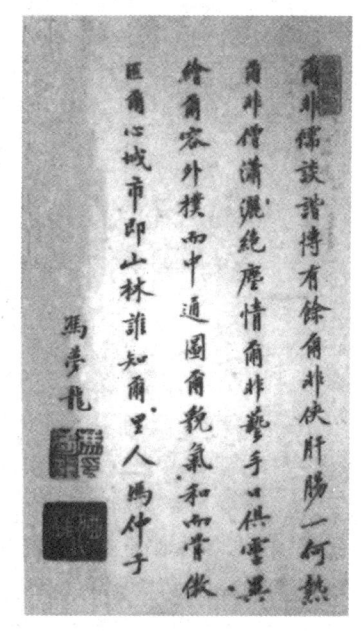

冯梦龙的"三言"。

等，但它们也都经过冯梦龙的整理、加工。其中《老门生三世报恩》《宋小官团圆破毡笠》《玉堂春落难逢夫》《唐解元一笑姻缘》《赵春儿重旺曹家庄》《杜十娘怒沉百宝箱》《王娇鸾百年长恨》等篇，大概是冯梦龙本人所作。《警世通言》中占有相当大比例的题材主要是爱情题材，比如，《小夫人金钱赠年少》与《白娘子永镇雷峰塔》都是通过爱情悲剧来表现妇女不顾礼教，对于自由幸福的大胆追求。《警世通言》中描写的妓女命运往往很悲惨，《杜十娘怒沉百宝箱》中，杜十娘见李布政公子李甲忠厚老成，本想以身相许，但她的妓女身份却不能被官宦人家理解并接受，她最终被李甲出卖，于是愤而投江自杀。

《醒世恒言》：《醒世恒言》的纂辑时间晚于《喻世明言》与《警世通言》，其中所收的宋、元旧作也比前"二言"少一些，只占六分之一左右。可以确定为宋、元旧作的有《小水湾天狐贻书》《勘皮靴单证二郎神》《闹樊楼多情周胜仙》《金海陵纵欲亡身》《郑节使立功神臂弓》《十五贯戏言成巧祸》等篇。冯梦龙对于宋、元旧作，都作过整理加工。《大树坡义虎送亲》《陈多寿生死夫妻》《佛印师四调琴娘》《赫大卿遗恨鸳鸯绦》《白玉娘忍苦成夫》《张廷秀逃生救父》《隋炀帝逸游召谴》、《吴衙内邻舟赴约》《卢太学诗酒傲王侯》《李汧公穷邸遇侠客》《黄秀才徼灵玉马坠》等篇，都可能出自冯梦龙的手笔。在《醒世恒言》的明人所创新作中，关于爱情、婚姻、家庭的描写占据主体的位置，比如《钱秀才错占凤凰俦》《乔太守乱点鸳鸯谱》等篇，借闹剧方式，嘲弄了扼杀青年男女幸福爱情的封建婚姻制度。

"二拍"中部分篇章也反映了商人的经济活动，如《转运汉遇巧洞庭红》《叠居奇程客得助》，都用欢快的文笔描述了商人的奇遇，流露出对冒险获取财富的赞赏。与"三言"一样，爱情与婚姻也是"二拍"中最重要的主题，但两者的侧重点有所不同，"三言"每每把"情"看做人与人之间关系的基础；而"二拍"则更多地把"情"与"欲"联系在一起。和"三言"一样，"二拍"在描写爱情与婚姻故事时，常常肯定妇女的权利，提高妇女的社会地位。作者将两性关系上的平等意识表达得相当明确。

〈〈〈 经典片段赏析

天下事有好些不平的所在！假如男人死了，女人再嫁，便道是失了节，玷了名，污了身子，是个行不得的事，万口訾议。及到男人家丧了妻子，却又凭他续弦再娶，置妾买婢，做出若干的勾当，把死的丢在脑后不提起了。并没有人道他薄幸负心，做一场说话。

——《二刻拍案惊奇》卷十一《满少卿饥附饱扬　焦文姬生仇死报》

红楼梦 曹雪芹

 相关内容

曹 雪芹（约 1715 年—1763 或 1764 年）名霑，字梦阮，号雪芹。我国古代伟大的现实主义作家。祖籍河北丰润。明朝末年，他的高祖父随清兵入关立下战功受到宠幸。康熙时，曹家已是显赫的贵族世家。康熙二年（1663 年）到雍正六年（1728 年），从曹雪芹的曾祖父曹玺，到他的父辈曹頫祖孙三代四人世袭江宁织造将近 60 年之久，有时还兼任苏州织造和两淮盐政。清朝的江宁织造设置于 1645 年，职责是掌管宫廷所需各种织物的织造、采购和供应等事项，并作为皇帝的心腹和耳目，暗中监督江南一带地方人民和官吏的情况。官职虽然不高，却是一个有权有势的要职。康熙皇帝 6 次南巡，5 次以江宁织造署为行宫，曹雪芹的祖父曹寅 4 次负责接驾。曹寅的女儿嫁做王妃，由此可见曹家与皇家的特殊关系，以及曹家奢侈豪华的生活。风月繁华的贵族生活，为曹雪芹日后创作《红楼梦》积累了丰厚的生活素材。

康熙死后，雍正即位。在残酷的宫廷斗争中，曹家成了雍正打击的对象。显赫一时的贵族世家，在当时最高统治集团的残酷斗争中逐渐衰败。到了乾隆初年，曹家又遭受一次变故，从此家境每况愈下了。

曹雪芹的祖父曹寅工诗词，善书法，藏书丰富，并刻印古书。著名的《全唐诗》就是由他主持刻印的，现有《楝亭诗钞》传世。

曹雪芹的一生经历了家族由盛到衰的过程。13 岁前他在南京过了一段锦衣玉食的生活，而《红楼梦》写于曹雪芹凄凉困苦的晚年，其创作过程十分艰苦，"披阅十载，增删五次"。作品还没有全部完成，曹雪芹就因爱子夭亡，悲愤交加，从此一病不起，不久就去世了，连他的手稿也无人整理。好友敦敏有一首描写曹雪芹西郊著书的七律：

碧水青山曲径遐，薜萝门巷足烟霞。寻诗人去留僧舍，卖画钱来付酒家。

燕市哭歌悲遇舍，秦淮风月忆繁华。新愁旧恨知多少，一醉酕醄白眼斜。

背景介绍

《红楼梦》原名《石头记》，是曹雪芹的未完稿，全书大约有八十回，开始只是在为数不多的朋友中传阅，到了乾隆五十七年（1792年），即曹雪芹逝世后的三十余年，高鹗续成一百二十回，改名为《红楼梦》。《红楼梦》创作于清朝乾隆初年（1736年），这部作品实际反映的社会历史背景是清代初期康熙、雍正、乾隆三代，主要是18世纪的上半叶。当时的中国社会多种矛盾并存，除了农民阶级与地主阶级的主要矛盾外，还存在着代表资本主义萌芽状态的新兴市民的社会力量和封建统治的矛盾。在这些矛盾中，还夹杂着民族矛盾和统治阶级内部矛盾等复杂内容。《红楼梦》的作者深受当时社会经济和政治的影响。在书中表现出反对封建、追求平等、个性解放的要求，也揭示了代表资本主义萌芽状态的新兴市民的历史命运。

清朝统治者统一中国后，上至皇室贵族，下到八旗子弟，都圈占土地，收取租息，以至到乾隆初年，土地高度集中在地主贵族手中，这使固有的社会矛盾发展得更为尖锐。

辽阳曹雪芹纪念馆的曹雪芹塑像。

另外，康、雍、乾三代对汉族大兴文字狱，对少数民族进行屠杀征服，最后终于取得了"文治武功"的胜利。《红楼梦》的创作，正是在号称"文治武功"的康乾盛世时期创作完成的。表面看来，清王朝这时似乎还维持着"盛世"，但"盛世"显然已接近尾声了，对人民的剥削所引起的阶级矛盾也日趋激烈。

曹雪芹所创造的人物各具特色。他基本上划分开了统治和被统治阶级的界限。他对书中人物的出身、历史、生活环境的叙述描写，都很具体明确，刻画出他们有血有肉的形象，对某些人物更写出他们在生活和矛盾中的思想倾向和变化过程，读者可以从作者对人物的不同态度认识作者自己的立场和观点。

《红楼梦》以贾、史、王、薛四大家族为背景，以爱情故事为主要线索，着重描写在贾家荣、宁二府由盛转衰的过程中，以贾宝玉和一群红楼女子为中心的许多人物在封建体制和封建家族遏制下的悲剧命运。

男主人公贾宝玉是贯穿全书始终的人物。据考证，这一形象里有作者的影子。贾宝玉生长在贵族世家，家族对他寄予厚望，但是他不爱读书，憎恨封建礼教思想，厌恶束缚他的家庭戒律，浑身上下充满叛逆精神。由于他生活在一群美丽、单纯的女性中间，所以他一直对生活在下层的女性饱含同情。

少女林黛玉是曹雪芹着重刻画的女性形象。这个寄居在荣国府中的弱女子，才华横溢而又多愁善感。她与贾宝玉两小无猜，后来成为生死相依的恋人，但他们的爱情最终还是被封建势力扼杀了。

贾宝玉和林黛玉的相爱在封建社会里注定是个悲剧。在贾府这样一个封建大家庭里，贾宝玉和林黛玉是最具有叛逆性格的少男少女。宝玉和黛玉从小就在一起，在不断的感情冲突和交流中，逐渐

志同道合，去共同追求一种个性的自由，并摆脱受封建束缚的生活方式，于是在心里都把对方视为自己未来的终身伴侣。但从家族发展角度考虑，黛玉显然不是宝玉未来妻子的最佳人选。黛玉身体羸弱、脾气孤傲，以及私定终身的越轨行为，使得作为贾府最高统治者的贾母极不喜欢，而薛宝钗圆滑的为人处世以及薛家拥有的财富，使她具备了做"宝二奶奶"的条件。贾宝玉和薛宝钗的结合成为其婚姻悲剧的开始，所谓"金玉良缘"的结合只能是徒有其表罢了。

　　《红楼梦》在艺术上取得了辉煌的成就。其最突出的艺术特点就是，作品完全打破了过去传统小说的单线结构，把中心人物和中心事件放在错综复杂的环境中，因而《红楼梦》所展现的世界就像生活本身那样丰富、深厚、自然、逼真。故事中围绕着贾宝玉、林黛玉和薛宝钗的几百个人物和众多复杂事件，以及人物与事件之间互相关联又互为因果的复杂关系，浑然天成，一点不见人工雕琢的痕迹。《红楼梦》中的人物塑造呈现出多侧面、多层次的特点。

　　《红楼梦》可以说是一部百科全书式的长篇小说。它以一个贵族家庭为中心展开了一幅广阔的社会历史图画，社会的各个阶层，上至皇妃国公，下到贩夫走卒，都得到了生动的刻画。它对贵族家庭饮食起居各方面生活细节都进行了细致的描写，园林建筑、家具器皿、服饰摆设、车轿排场等等，都具有很强的真实性。它还体现了作者对烹调、医药、诗词、小说、绘画、建筑、戏曲等各种文化艺术的丰富知识和独到见解。《红楼梦》的博大精深在世界文学史上也是罕见的。

内容概述

　　西方灵河岸上三生石畔的绛珠仙子，为了报答神瑛侍者的灌溉之恩，要以毕生的眼泪来偿还他，于是就决定随他下凡历劫。这神瑛侍者就是贾宝玉的前生，林黛玉则是绛珠仙子转世，这段姻缘被称为"木石前盟"。远古女娲氏炼石补天曾遗下一块顽石，经过修炼，灵性已通，后蒙僧、道二仙大展法术，将其缩成扇坠大小的一块美玉，这便是日后贾宝玉出世时嘴里所衔的"通灵宝玉"。

　　当年宁、荣二公随先帝建下赫赫功勋，创下家业，至今已历百载。宁国公之官原由孙子贾敬承袭，贾敬好道，遂让于贾珍，珍妻

为尤氏。贾敬还有一小女名惜春。贾珍之子名贾蓉，娶妻秦氏。荣国公之官现由长孙贾赦承袭，赦妻为邢氏。贾赦之子名贾琏，女儿迎春为庶出。贾琏之妻王熙凤生有一女。荣国公次孙贾政现任工部员外郎，妻王夫人乃王熙凤姑母。贾政长子贾珠，娶李纨为妻，生子贾兰后，贾珠便亡故了，次子贾宝玉，三子贾环为贾政的妾室赵姨娘所生。长女元春因贤孝才德早已被选入宫中，次女探春与贾环同母。荣国公孙女贾敏即林如海之妻。贾赦、贾政、贾敏之母为史太君贾母，人称"老祖宗"。贾、史、王、薛四大家族同气连枝，荣辱与共，当时民间流传着这样四句歌谣："贾不假，白玉为堂金作马。阿房宫，三百里，住不下金陵一个史。东海缺少白玉床，龙王来请金陵王。丰年好大雪，珍珠如土金如铁。"

林如海因妻亡故，便想让女儿黛玉进京依附外祖母，黛玉入府后与众人相见，宝玉与黛玉互相看着眼熟，十分亲切，宝玉还送了妹妹一个表字"颦颦"，还差点因妹妹无玉将自己的"命根子"——"通灵宝玉"摔坏。

尤氏请贾母等到会芳园赏梅，宝玉倦怠，在秦氏卧房午睡。他梦游虚幻，在警幻仙姑指引下，宝玉看了载有黛玉、宝钗、元春、迎春、探春、惜春、湘云、熙凤、巧姐、李纨、可卿、妙玉判词的"金陵十二钗正册"，载有香菱判词的"副册"，载有晴雯、袭人判词的"又副册"，听了悲金悼玉的"红楼梦"曲，并依警幻所言与仙姑缱绻云雨，难解难分。

品貌端庄、深明事理的宝钗不像黛玉那样孤高自许、目下无尘，故在贾府深得人心。一日她乘宝玉到梨香院看望之便，细细赏鉴了通灵宝玉，将"莫失莫忘，仙寿恒昌"微吟良久。原来，宝钗戴着的金项圈，上面錾着癞头和尚给宝钗的赠言"不离不弃，芳龄永继"，这八字与玉上所篆正好是一对，这

贾宝玉与林黛玉之间的姻缘为"木石同盟"。

便是所谓的"金玉良缘"。黛玉前来见到他俩亲热地在一起,便借机奚落。

　　凤姐毒设相思局,诱使起了邪心的贾瑞就范。两番受冻奔波,贾瑞陷于重病,又未能按跛足道人所言反照"风月宝鉴",终于命归黄泉。

　　仲秋之夜,秦氏托梦凤姐,凤姐又骤闻丧音,遂被惊醒。此时,全家皆知秦可卿在久病渐愈后忽亡,无不纳罕。可卿死后,丫鬟瑞珠、宝珠一触柱而亡,一愿为义女。贾珍则哭得像泪人一般,恨不得代媳妇去死。为了丧礼风光,他还替贾蓉捐了五品龙禁尉之职,并请凤姐协理丧仪。凤姐治丧,日夜不辍,上下操劳,全府称赞。可卿七七出殡,王公贵族都来送葬,老尼净虚乘凤姐夜宿馒头庵之际,求凤姐通过长安节度使云光逼张金哥与长安前守备之子退婚,另嫁李衙内,结果知义女儿、多情公子双双自尽,凤姐却坐享了三千两白银。

　　贾元春加封贤德妃,获准省亲。贾府省亲别院工程告竣,贾政率众巡览,令宝玉试题园内匾额对联。元宵夜,銮驾入府,元春与家人相见,呜咽对泣不止。元春见别院豪华富丽,遂题名为"大观园",并命宝玉及诸姐妹题咏赋诗。后又传谕宝玉与众姐妹进园居住。进园后，宝玉无所拘束，十分快乐。茗烟买了许多小说外传、传奇剧本，宝玉如获珍宝。一日，宝、黛共赏《西厢记》，宝玉以张生、莺莺自喻，黛玉感极生嗔。她在当日归途听得女伶演唱《牡丹亭》，遂联想翩翩，心醉神驰。潇湘馆凤尾森森，龙吟细细，黛玉春困幽思，宝玉见她星眼微饧，香腮带赤，不觉神魂飞荡，戏借《西厢记》词语表意，黛玉哭恼宝玉不该如此取笑她。过后黛玉到怡红院探宝玉，宝玉的、丫鬟晴雯不知底细，拒不开门，黛玉悲戚呜咽而回。

芒种节，黛玉在园内伤春愁思，掩埋残花落瓣，由不得感花伤己，哭吟《葬花吟》。贾母到清虚观打醮，合家出动。宝、黛久存求近之心，只因试情误会，反弄成疏远之意。清虚观回来后，竟闹到砸玉剪穗的地步，两人待听了贾母"不是冤家不聚头"之语，方如悟禅一般，真是人居两地，情发一心。宝玉遂到潇湘馆探慰黛玉，两个人和好如初。后来宝玉又见宝钗比黛玉另具一种妩媚风流，不觉看呆，失言将宝钗比杨妃，宝钗着恼，借丫头找扇之机奚落宝、黛二人。黛玉在窗外听得宝玉对湘云说，正因林妹妹从不说经济学问的混账话，才不与她生分，不由惊喜交加。宝玉出来向黛玉倾诉肺腑之言，两人感极共泣。

晴雯跌折一把扇子，顶撞了宝玉，袭人解劝，更遭晴雯讽刺。

晚间，宝玉反软语温存劝慰晴雯，晴雯笑撕折扇。宝玉与婢女金钏调笑，王夫人怒打金钏。后金钏因不堪被撵之辱，投井身亡。贾环向贾政进谗言，说金钏是因为宝玉强奸未遂而投井，贾政大怒，痛打宝玉，待贾母赶来，宝玉已遍体鳞伤。袭人为此事向王夫人进忠言，王夫人见她知礼晓义，遂将她的月钱待遇提到姨娘一格。

探春发起号召组织海棠诗社。李纨自荐掌坛，众人各起诗坛别号。

大观园比先前越发热闹。老村妪刘姥姥携外孙板儿二进荣府，恰好投了贾母缘，留下与她闲话。贾母在晓翠堂给湘云还席，凤姐与贾母贴身丫鬟鸳鸯商议好捉弄刘姥姥开心，刘姥姥亦知趣甘当笑料，使席间笑声不绝。刘姥姥给凤姐女儿取名巧姐。满载众人所赠银物回乡。贾母又出主意凑份子给凤姐做生日，并委托尤氏操办。贾琏常在外面与多姑娘幽会，这次又乘众人给凤姐斟酒祝寿之机，潜回房中与仆妇鲍二家的偷情，不料被回来歇酒的凤姐撞破。琏、凤两人竟拿平儿撒气，众人多觉不平。凤姐又因内外操劳太过，导致小产，王夫人令李纨、探春、宝钗共同裁处家事。探春理家，公正利落，众口交誉，唯赵姨娘数次寻衅，但均被驳回。

黛玉丫鬟紫鹃戏说黛玉将回苏州原籍，宝玉惊得呆症大发，紫鹃受命在怡红院住下服侍宝玉，宝玉呆症渐愈，紫鹃由此而明宝玉对黛玉是一片真心。薛蟠误认世家子弟柳湘莲为风月人物，调情不已。湘莲将薛蟠诱打后扬长而去。

　　贾琏对尤氏姐妹动了垂涎之意，尤二姐亦有心，贾蓉从中献策牵线，尤二姐的母亲遂应允。贾琏偷娶尤二姐后，二人十分恩爱。后来，尤二姐被凤姐巧设毒计威逼自杀。

　　懦弱的迎春由父母做主嫁给了在兵部候缺的孙绍祖，孙绍祖乃狠毒负义好色之辈，不久，迎春不堪凌辱而亡。

　　黛玉在贾府受寄人篱下之苦，又有未与宝玉明了关系之悲，常辗转惆怅，竟至呕血，大夫诊治后说她六脉皆弦，都因平日郁结所致。

　　黛玉丫头雪雁误传宝玉已定亲的消息，黛玉闻后茶饭不思，只求速死，后得知系讹传，疑团顿消，立时神清气爽。怡红院海棠初枯复荣，轰动全园，此际元妃薨逝、通灵宝玉丢失，众人惶惶，宝玉神魂失散，显疯傻之状。贾政将赴外任，贾母欲在贾政行前给宝玉娶亲冲喜，恐宝玉不愿，遂设"调包计"。黛玉闻宝玉即将成亲，自料万无生理，遂于病榻前焚烧诗稿。宝玉听凤姐说将娶林妹妹，大悦，待迎亲揭起盖头，见林妹妹换成了宝姐姐，登时旧病复发。宝玉成亲鼓乐喧闹之时，正是黛玉魂归离恨天之日。宝玉病体渐愈，来到屋在人亡的潇湘馆，号啕大哭，紫鹃细诉黛玉临终情景。不久，宝琴、湘云相继出嫁，大观园物是人非，宝玉越发悲痛欲绝。

　　锦衣军奉旨查抄贾府，罪名是贾赦交通外官，倚势凌弱，违反制度；贾珍威逼人命，引诱世家子弟聚赌。贾府从此衰败，贾母将余资遣散后长逝。

　　后来荣府蒙恩后渐渐复兴，宝玉却在中举后出家当了和尚。

〈〈〈　经典片段赏析

　　宝玉见是一个仙姑，喜的忙来作揖问道："神仙姐姐不知从那里来，如今要往那里去？也不知这是何处，望乞携带携带。"那仙姑笑道："吾居离恨天之上，灌愁海之中，乃放春山遣香洞太虚幻境警幻仙姑是也；司人间之风情月债，

掌尘世之女怨男痴。因近来风流冤孽，缠绵于此处，是以前来访察机会，布散相思。今忽与尔相逢，亦非偶然。此离吾境不远，别无他物，仅有自采仙茗一盏，亲酿美酒一瓮，素练魔舞歌姬数人，新填《红楼梦》仙曲十二支，试随吾一游否？"宝玉听说，便忘了秦氏在何处，竟随了仙姑，至一所在，有石牌横建，上书"太虚幻境"四个大字，两边一副对联，乃是：

假作真时真亦假，无为有处有还无。

转过牌坊，便是一座宫门，上面横书四个大字，道是："孽海情天。"又有一副对联，大书云：

厚地高天，堪叹古今情不尽，

痴男怨女，可怜风月债难偿。

——第五回《游幻境指迷十二钗　饮仙醪曲演红楼梦》

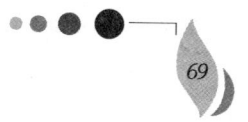

呐喊 鲁迅

相关内容

迅（1881年—1936年），原名周树人，字豫才，浙江绍兴人。他是中国现代著名的文学家、思想家和革命家。

鲁迅出身于破落的封建家庭。青年时代受进化论思想影响。1902年去日本留学，开始学医，后来从事文艺工作，希望通过自已的创作思想来改变中国的民族精神。

1918年5月，他第一次使用"鲁迅"这个笔名，大胆揭露人吃人的封建礼教。从而奠定了新文学运动的基石。五四运动前后，鲁迅参加《新青年》杂志工作，站在反帝反封建的新文化运动最前列，猛烈抨击封建文化与封建道德，并同李大钊等人一起反对资产阶级知识分子的妥协与投降倾向，成为五四新文化运动的伟大旗手。从1927年—1936年，他创作了历史小说集《故事新编》中的大部分作品和大量的杂文，分别收录在《而已集》《三闲集》《南腔北调集》等专著中。

鲁迅的一生是辉煌而伟大的一生，对中国文化事业作出了巨大的贡献。他领导、支持了"未名社""朝花社"等文学团体；主编了《国民新报副刊》（乙种）、《莽原》《语丝》《奔流》《萌芽》《译文》等文艺期刊；热忱关怀并积极培养青年作者；大力翻译外国进步文学作品和介绍国内外著名的绘画、木刻；搜集、研究、整理大量的古典文学，编著《中国小说史略》《汉文学史纲要》，整理《嵇康集》，辑录《会稽郡故书杂录》《唐宋传奇录》《小说旧闻钞》等等。

背景介绍

辛亥革命爆发之后，中国的社会状况并没有发生根本的变化，社会仍然动荡不安，人民群众仍没有自己的地位。鲁迅在1909年回国至五四新文化运动爆发的这段时期是他的思想沉淀期。辛亥革命的失败从一个侧面证明了他对国民性问题的基本估计，使他对中国国民性问题的思考更加深入、细致。1917年爆发的五四新文化运动给鲁迅带来了新的希望，他在对封建传统的自觉反叛中受到鼓舞。1918年，《新青年》第四卷第五号发表了鲁迅的第一篇白话小说《狂人日记》，这是中国现代文学史上的第一篇白话小说，揭开了中国小说史新的篇章。1923年，鲁迅将1919年—1922年所创作的15篇短篇小说合编为《呐喊》（后来再版时抽去《不周山》一篇，改入《故事新编》），由新潮社出版发行，成为中国现代小说的奠基之作。

内容概述

《呐喊》描绘了辛亥革命前后到"五四"时期的中国社会现实，代表了当时的时代特征。

首篇《狂人日记》以彻底的不妥协的批判精神，从整体上"暴露家庭制度和礼教的弊害"，借"狂人"的眼睛，揭露了"仁义道德"背后"吃人的礼教"，并对其进行了有力的控诉，产生了深远的影响，在中国现代文学史上具有划时代的意义。而《孔乙己》《白光》则是对封建等级制度"吃人"现象的描绘，更加具体细致。

《呐喊》特别注重反映农民的痛苦生活。它通过艺术形象总结了辛亥革命失败的历史教训，并充分体现了"五四"时代的精神。

《故乡》描绘了近代中国农村迅速破产的真实图画，通过少年闰土与中年闰土的强烈对比，揭示出

鲁迅作品中的孔乙己给人们留下了深刻的印象。

社会现实对于广大农民从身体到心灵的严重摧残。《阿Q正传》是鲁迅的重要作品，它塑造了一个落后而不觉悟的农民典型人物阿Q，活画出"一个现代的我们国人的魂灵"来，小说描写了阿Q的"精神胜利法"的悲剧，外出谋生，想革命却被拒绝，最后被杀头的故事。这正是半封建半殖民地国家所普遍存在的国民劣根性。《社戏》描写了一群机智勇敢、天真淳朴的农村少年，是鲁迅对童年时代一段最美好生活的回忆。

　　《风波》是中国现代文学史上反映张勋复辟丑剧的唯一一部文艺作品。《药》塑造了民主革命先行者夏瑜英勇不屈的人物形象，并暗示他与民众的隔膜是革命不能成功的重要原因之一。

⟨⟨⟨　经典片段赏析

　　在我自己，本以为现在是已经并非一个切迫而不能已于言的人了，但或者也还未能忘怀于当日自己的寂寞的悲哀罢，所以有时候仍不免呐喊几声，聊以慰藉那在寂寞里奔驰的猛士，使他不惮于前驱。至于我的喊声是勇猛或是悲哀，是可憎或是可笑，那倒是不暇顾及的；但既然是呐喊，则当然须听将令的了，所以我往往不恤用了曲笔，在《药》的瑜儿的坟上平空添上一个花环，在《明天》里也不叙单四嫂子竟没有做到看见儿子的梦，因为那时的主将是不主张消极的。至于自己，却也并不愿将自以为苦的寂寞，再来传染给也如我那年青时候似的正做着好梦的青年。

——《呐喊》自序

骆驼祥子 老舍

 相关内容

老舍（1899 年—1966 年）原名舒庆春，字舍予，满族人，生于北京，著名作家。父亲是一名满族的护军，阵亡在八国联军攻打北京城的炮火中。母亲也是满族人，父亲的去世使母亲担起了支撑全家的重任，母亲靠给人家洗衣做活来养活全家人。

1918 年夏天，老舍以优异的成绩由北京师范学校毕业，被派到北京第十七小学去当校长。1924 年夏应聘到英国伦敦大学东方学院当中文讲师。老舍在英国做讲师期间开始进行文学创作。长篇小说《老张的哲学》是其第一部作品，自 1926 年 7 月起在《小说月报》杂志连载后轰动整个文坛，从此为众人所熟知。以后陆续发表了长篇小说《赵子曰》和《二马》，奠定了老舍作为新文学开拓者之一的地位。1930 年老舍回国后，先后在齐鲁大学和山东大学任教授。这个时期他创作了《猫城记》《离婚》《骆驼祥子》等长篇小说，《月牙儿》《我这一辈子》等中篇小说，《微神》等短篇小说。1944 年开始，创作近百万字的长篇巨著《四世同堂》。另有剧本《龙须沟》《茶馆》及《老舍剧作全集》《老舍散文集》《老舍诗选》《老舍文艺评论集》和《老舍文集》等。

老舍一生创作作品极多，大多都堪称精品，他的作品至今仍被后人学习与借鉴，影响极深。

 背景介绍

1930 年老舍由新加坡踏上了祖国的土地，面对满目疮痍的祖国，他的心情压抑，笔触极其沉重。《骆驼祥子》是他这个时期的代表

作。它揭示了"小人物"的奴隶心理和希望的最终破灭。随着祥子心爱的女人小福子的自杀，祥子熄灭了个人奋斗的最后一朵火花，成为这个腐朽社会的殉葬品。《骆驼祥子》对当时社会影响很大，被誉为"抗战前夕中国最佳的长篇小说"。1945年该书的英译本在纽约出版，立即风靡美国。

《骆驼祥子》全书充满了北京的生活风光，不少描写点染出一幅幅色彩鲜明的北京风俗画和世态画。故事的结局弥漫着一种阴郁绝望的气氛。一方面表现了那个时代的悲惨气氛，加强了对于当时社会的批判力量，另一方面也反映出老舍在认识了旧社会黑暗势力的强大和个人奋斗的无能为力以后，在还未找到劳动人民自我解放的正确道路的情况下所产生的彷徨苦闷心情。老舍用一种朴素的叙述笔调、生动的北京口语简洁有力地写出了富有地方色彩的生活画面和具有性格特征的人物形象，并在写实手法的运用和语言的凝练上，取得了巨大的成功。

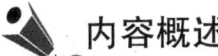

内容概述

    祥子是个老实、木讷、硬朗的年轻汉子。在北平的街上他选择了拉车这一行,他没有别的奢求,只想买一辆属于自己的洋车,可是就在他如愿以偿刚刚买了一辆车不久,就糊里糊涂地被捉进军队里当苦力,车子也被人夺走了。

    后来祥子从军营里逃了出来,他为了再买一辆车子,开始加倍卖力拉车,甚至硬抢老车夫们的客人;而在以前他是不屑于和他们抢生意的。与从前一样,祥子很受租车老板刘四爷的信任,每天把车子还了以后,祥子可以在他车厂里过夜。刘四爷那又丑又凶的女儿虎妞看上了淳朴老实的祥子,她为了与父亲抗争,竟将祥子用酒灌醉,以身相许。清醒后的祥子感到羞耻难堪,于是便离开刘家到曹教授家拉私人包车。

    本来祥子在他的新雇主——曹教授的照顾之下,是可以找回他的纯洁,无奈虎妞一再地来纠缠他,假装说怀孕了,面对这种情形,祥子不知如何是好。

    有一次警察借口曹先生参加地下活动,搜查他的住宅。"城门失火,殃及池鱼",祥子的所有积蓄都被一个贪赃枉法的侦探没收了。他没有别的路好走,只有再回到刘四爷的车厂去。而刘四爷则对他起了疑心,因为他女儿还是坚持要嫁给这个一文钱没有的苦力,不想找经济地位较好的人做丈夫。父女之间的对立终于在刘四爷69岁生日那天爆发,祥子为良心所驱,只好站到虎妞这边。尽管他讨厌她,但更忍受不了她父亲对他的辱骂。祥子和虎妞结了婚,搬到一个贫民窟去住。

    虎妞以为父亲早晚会原谅她,所以安心地靠平日积蓄过着舒服日子。而祥子呢,他极其悔恨被这样骗婚,就越发卖力地拉车,希望有一天能独立自主。有一天天气奇热,又下了雨,祥子拉车回家,发起高烧来,在床上病了两个月。从此他的健康不如从前,而虎妞却更加嘲骂他的自力更生愚不可及,这使他异常痛苦。好在祥子可以从和一个叫做小福子的邻居女孩子来往中得到些许慰藉。小福子靠做妓女赚的一点钱

图为老舍故居。

养活她的酒鬼父亲和两个弟弟。虎妞难产死了以后，祥子很想娶这个苦命的好心女孩子，但是想到要养活她一大家人，他被吓住了。他终于还是搬到了别的地方。

祥子心情糟糕透了，便开始抽烟喝酒糟蹋自己的身体，而且和以前看不上眼的那些吊儿郎当的车夫开始交往起来。小福子做了一段时间的最下等妓女以后上吊自杀了。祥子的精神也因此完全垮了。他不再回曹家拉车，不愿再为了体面好看作徒劳无功的挣扎，他已经失去以往勇往直前的毅力。最终他成了一个邪恶的无业游民，在北平的无休无止的婚礼和葬礼里替人家打小旗子，赚钱维持生计。

〈〈〈 经典片段赏析

　　祥子的衣服早已湿透，全身没有一点干松地方；隔着草帽，他的头发已经全湿。地上的水过了脚面，已经很难迈步，上面的雨直砸着他的头与背，横扫着他的脸，裹着他的裆。他不能抬头，不能睁眼，不能呼吸，不能迈步。他像要立定在水中，不知道哪是路，不晓得前后左右都有什么，只觉得透骨凉的水往身上各处浇。他什么也不知道了，只心中茫茫的有点热气，耳旁有一片雨声。他要把车放下，但是不知放在哪里好。想跑，水裹住他的腿。他就那么半死半活的，低着头一步一步的往前拽。坐车的仿佛死在了车上，一声不出的任着车夫在水里挣命。

　　　　　　　　　　　　——《骆驼祥子·第十八章》

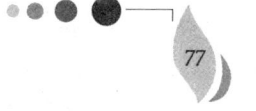

边城 沈从文

相关内容

 从文（1902 年—1988 年），原名沈岳焕，现代作家，历史文物研究学者。

　　沈从文于 1902 年 12 月 28 日出生在湖南凤凰。1918 年小学毕业后当兵。随当地的土著军队辗转于川、黔、湘、鄂。1923 年，他只身来到北京，靠自学锲而不舍地写作。1928 年在上海与胡也频、丁玲编辑《红与黑》杂志。1929 年在上海公学教书，以《柏子》等小说奠定了自己在文坛的地位。1934 年主编《大公报》文艺副刊后创作颇丰，抗战爆发前已出版了二十多部作品集，其中《从文自传》《边城》《湘行散记》等标志着他的创作已经达到顶峰。抗战 8 年中沈从文在西南联大任教，完成长篇小说《长河》第一卷。1946 年回北京大学，并编《大公报》《益世报》等文艺副刊。自 1926 年出版第一本创作集《鸭子》开始，共出版了七十余种作品集。被称为多产作家。1949 年后离开文坛，开始在中国历史博物馆从事文物研究工作。1964 年受周恩来总理委托开始编撰《中国古代服饰研究》。1978 年调中国社会科学院历史研究所，之后专门对《中国古代服饰研究》一书进行修补及校对工作。1988 年 5 月，与世长辞。

背景介绍

　　沈从文创作《边城》时正值国民党统治时期。由于对社会政治的疏离，对都市人生的厌倦和对现实人生的困惑，沈从文把对民族出路的探索和变革现实的希望寄托在完美人生形式的再造上。他在谈及《边城》时说："我要表现的本是一种'人生的形式'，一种'优美、健康、自然，而又不悖乎人性的人生形式'。"

内容概述

翠翠是一个美丽、聪明、大方的苗家姑娘，一直过着平静的生活。

当年翠翠的母亲——老船夫的独生女，同一个屯防士兵"唱歌相熟"，怀孕以后却结婚不成，两人后来又双双死去。

老船夫无法理解这悲剧的前因后果。这些事在老船夫看来谁都没有错，只能怪上天不成全这段姻缘。也因为翠翠长大了，证明自己已真的老了，可是无论如何，得让翠翠有个着落。早在两年前的端午节，翠翠与傩送在河边的第一次相遇，傩送就爱上了翠翠，翠翠下意识里已朦胧生出对傩送的爱恋。不巧的是傩送的哥哥天保也爱上了翠翠。更严重的是，团总将一座新碾坊当做女儿的陪嫁，想让傩送做女婿。

天保请了媒人，走车路向老船夫提亲。老船夫要让翠翠满意，而翠翠此时也明白了，来做媒的是大佬！老船夫思前想后，明白了翠翠的心事：他隐隐约约体会到翠翠爱二佬不爱大佬。但他却有点忧虑，因为他忽然觉得翠翠太像她母亲，而且隐约感觉这母女二人有着近似的命运。

为了翠翠的幸福，老船夫决定让翠翠自己做主，因此没有直接答应天保的提亲。之后发生了许多事，"命运"仿佛给了老船夫当胸

一拳，他终于无力再抵抗，也无力继续承受下去，最终在一个雷雨交加的晚上，伴随白塔的坍塌而死去了。

后来翠翠明白了祖父活着时所没有言明的许多事。

最终，翠翠独自守在渡口，等待傩送的归来。到了冬天，那个坍塌了的白塔，又重新修起来了。那个在月下唱歌，使翠翠在睡梦里以为歌声把灵魂轻轻浮起来的年轻人，还不曾回到茶峒来。

〈〈〈 经典片段赏析

翠翠在风日里长养着，把皮肤变得黑黑的，触目为青山绿水，一对眸子清明如水晶。自然既长养她且教育她，为人天真活泼，处处俨然如一只小兽物。人又那么乖，如山头黄鹿一样，从不想到残忍事情，从不发愁，从不动气。平时在渡船上遇陌生人对她有所注意时，便把光光的眼睛瞅着那陌生人，作成随时皆可举步逃入深山的神气，但明白了人无机心后，就又从从容容地在水边玩耍了。

——《边城》

家　巴金

　相关内容

巴金（1904 年—2005 年），原名李尧棠，字芾甘，四川成都人。

巴金于 1927 年初赴法国留学，其间完成处女作长篇小说《灭亡》，发表时开始使用巴金这一笔名。从 1929 年到 1937 年中，巴金创作了长篇小说"激流三部曲"中的《家》、《爱情三部曲》、（《雾》、《雨》、《电》）等中长篇小说，出版了《复仇》《将军》《神·鬼·人》等短篇小说集和《海行》《忆》等散文集。以其独特的风格和多篇成功作品的创作令人瞩目，被鲁迅称为"一个有热情、有进步思想的作家"，成为当时为数不多的成功创作家之一。

抗日战争爆发后，巴金在各地致力于抗日救亡文化活动，编辑《呐喊》《救亡日报》等报刊，创作有《家》的续集《春》和《秋》，长篇小说《抗战三部曲》（又名《火》），出版了短篇小说集《还魂草》《小人小事》，散文集《控诉》和《龙·虎·狗》等。

在抗战后期和抗战结束后，巴金创作转向对国统区黑暗现实的批判。创作出很有特色的中篇小说《憩园》《第四病室》和长篇小说《寒夜》等。新中国成立后，巴金曾任全国文联副主席、中国作家协会主席、中国笔会中心主席、全国政协副主席等职，并主编《收获》杂志。巴金出版有短篇小说集《英雄的故事》，报告文学集《生活在英雄们中间》，散文集《爝火集》，散文小说集《巴金近作》随笔集《随想录》五集，以及《巴金六十年文选》《创作回忆录》等。

背景介绍

"激流三部曲"的创作，曾受到左拉的长篇小说《卢贡家族的命运》及曹雪芹的《红楼梦》的影响，它旨在讲述一个溃败的封建大家庭的悲欢离合。当巴金的《家》以"激流"的篇名在《时报》上出现时，即显示出自己的特点。时代的赐予和作家的生活感知，使他把艺术的视点集中在对封建家族制度的解剖上。家，在中国是礼教的堡垒。巴金说，他写《家》的目的，就是要"宣告一个不合理制度的死刑"。他以热切的感情展现出生活中的"激流"在破败的家庭中成长起来；充满了自信和勇气，充满了爱与恨，在腐败崩溃的事物中，看到了希望，看到了崛起者的勇气与魄力。

内容概述

《家》主要讲述了这样一个故事：觉新是觉民的大哥，也是这个大家庭的长房长孙，他深爱着表妹梅，却又不得不按照家庭的意愿和瑞珏结婚，并在父亲死后担负起整个家庭的重任。他每日被动而无奈地应付着大家庭内部各房之间的钩心斗角，希望通过自己的隐忍来换得安宁的日子，可事情并非像觉新想的那样简单。

五四运动的浪潮和弟弟们的热烈反应对觉新不是没有影响的，他心里是信服这些新东西的，但行动上却有着太多的羁绊和束缚，他是高家懦弱而听话的"大少爷"。他的生命是为别人的存在而存在。后来觉新深爱着的梅出嫁不久后就守寡了。

美丽而温顺的少女鸣凤与三少爷觉慧相互爱慕，但是在高公馆这样的地方，使她对未来深感迷茫。因为与同学去向督军请愿，觉慧被高公馆"最高统治者"——他的祖父高老太爷训斥了一顿，并不许他出门。

为避军阀混战，梅被迫躲入高公馆，与觉新再次相遇，泪眼相对，两人心中的伤痛无法用言语来表达。

觉慧瞒着家人参加《黎明周报》的工作，撰文介绍新文化运动，抨击不合理的旧制度、旧思想、旧观念。可是就在他自己的家里，高老太爷却要把鸣凤送给年近70岁的孔教会会长冯乐山做小妾。无奈之下，鸣凤投湖自尽，另一个丫鬟婉儿代替她被逼着上了花轿。家里发生的一切是觉慧无法改变的。

高老太爷做主，让觉民与冯乐山的孙女成婚。觉民公然违抗祖父的旨意，逃到同学家躲了起来，高老太爷勃然大怒，正在这时，传来梅去世的消息，这让觉新心如刀割，悲痛至极。

五叔克定在外鬼混的事传开了，高老太爷大发雷霆，前所未有的失落和悲哀突然袭击了这个每日做着"长宜子孙"的"发家梦"的老人一病不起，最终高老太爷病死，死前答应不再提觉民的婚事，觉民取得了抗婚的胜利。因为迷信，瑞珏在城外一间阴暗潮湿的小屋里，痛苦地死于难产，她死前喊着觉新的名字。夫妻最后也没能见上一面。

觉慧再也不能忍受这个家了，他要出走。觉新经过深思熟虑，决定帮助弟弟实现愿望。他瞒着长辈为觉慧安排好一切，并为他筹足了路费。

黎明，觉慧悄悄地走出家门，乘船到上海去了……

〈〈〈 经典片段赏析

这些话一字一字地送进了觉慧的耳里，非常清晰。它们像鞭子一样地打着他的头。他的脸突然发起热来。他感到羞愧。他知道那个少女所受的责骂，都是他带给她的。他妹妹的态度引起了他的反感。他很想出来说几句话替鸣凤辩护，然而有什么东西在后面拉住他。他不作声地站在黑暗里，观察这些事情，好像跟他完全不相干似的。

——《家》

雷雨　曹禺

相关内容

曹禺（1910 年—1996 年），原名万家宝，著名剧作家。曹禺出生于天津一个封建没落的官僚家庭。他从小就酷爱戏剧，在南开中学读初中时，他就是南开新剧团的积极分子、骨干力量，从此开始了他漫长的艺术生涯。1926 年，他第一次以"曹禺"为笔名发表了小说《今宵酒醒何处》。

1933 年，曹禺的处女作——多幕剧《雷雨》诞生了，这部作品的创作出炉震惊了整个戏剧界，他也因此一举成名。《雷雨》的问世标志着中国现代话剧艺术已经开始走向成熟。此后，曹禺又创作了《日出》（1935 年）、《原野》（1937 年）等影响巨大的话剧剧本，确定了他作为中国现代话剧大师的地位。抗战爆发，曹禺辗转重庆等地，完成了剧作《蜕变》（1938 年）、《北京人》（1940 年）。1942 年，他将巴金的《家》改编成戏剧。1946 年。他应邀赴美国讲学，次年，回国创作电影剧本《艳阳天》，并亲自执导拍摄完成。建国后，曹禺先后担任中央戏剧学院院长、北京人民艺术剧院院长等职，并创作了多幕剧《明朗的天》（1954 年），历史剧《胆剑篇》（1960 年）和《王昭君》（1978 年），孜孜以求地为戏剧事业奉献青春。曹禺的剧作，融合了中外戏剧的表现手法，具有良好的艺术效果，不仅在中国影响深远，在国外戏剧界也得到了极高的赞誉。

背景介绍

《雷雨》以 1924 年的中国社会为背景。这时正是第一次大革命的前夕，阶级斗争处于十分尖锐的状态。一方面，中国无产阶级已经登上政治舞台，在共产党的领导下，掀起了蓬勃的工农革命运动；另一方面，中国封建势力在帝国主义的支持下，对人民大众进行着残酷的压榨和剥削。作者在自己的创作里深刻揭露出这些社会现实。

 ## 内容概述

侍女侍萍因被逐出周家而自杀，后被人救起。从此，她流落他乡，辗转坎坷，最后带着与周家少爷所生的儿子嫁给鲁贵，生下女儿四凤，并给儿子取名鲁大海。

30 年后，周鲁两家先后搬到北方某城中。侍萍在外地做工，鲁贵在周家做总管，后来把女儿四凤也介绍到周公馆做女佣，鲁大海在周朴园的矿上当矿工。

周朴园的太太死后，又娶繁漪为妻，并生下小儿子周冲。他的长子周萍就是侍萍所生的第一个孩子，他只比继母繁漪小六七岁。繁漪嫁给冷酷、专横、自私的周朴园后，精神极度压抑、郁闷。病态的她爱上了软弱的周萍，他们之间的关系被佣人鲁贵发现了。这之后，由于惧怕父亲，也由于厌倦了与继母的这段不正常的关系，周萍开始逃避繁漪，他与美丽单纯的四凤开始偷偷来往。这一切都逃不过繁漪的眼睛，她绝不会甘心放手。

繁漪的儿子周冲是个单纯开朗的大男孩。他告诉母亲他喜欢四凤，想从自己的学费中分一半供四凤读书。这使繁漪感到事情已到了非解决不可的地步了。

繁漪请了刚从外地回来的侍萍来周公馆，暗示她将四凤带走，侍萍爽快地答应了。然而无意间她发现这周公馆的环境布置似曾相识。正当此时，周朴园进来了，他听出侍萍的无锡口音后，满怀追忆地向她打听侍萍。当他知道眼前的老妇人就是当年他以为早已过世的侍萍时，他却厉声质问："你来干什么？谁指使你来的？"痛苦万分的侍萍则只能将这一切归之于命运。侍萍向周朴园提出唯一的要求：见一见她的儿子周萍。

鲁大海代表矿上的罢工工人来找周朴园谈判，鲁大海痛斥周朴园的罪恶行径，周萍上去打了鲁大海两耳光。看到自己的两个儿子骨肉相残，侍萍放声大哭。

周萍想离开家到矿上去，四凤要他把自己带走。侍萍坚决不让四凤与周萍在一起，然而四凤却哭着告诉母亲，她已怀了周萍的孩子。侍萍闻此消息如遭雷击。

正当侍萍准备自己承担罪孽，让四凤与周萍走时，繁漪来了。她为了阻止周萍与四凤走，将所有的人都唤来。周朴园以为30年前的事情已泄露，遂告诉周萍，四凤的母亲，就是他的亲生母亲。

受不了这么强烈的刺激，四凤跑出去触电自杀，周冲去拉她时也被电死。这时书房内一声枪响，周萍也开枪自杀了。故事的结局悲惨，却深刻地反映了当时的社会现实。

〈〈〈　经典片段赏析

　　周朴园（忽然严厉地）：你来干什么？

　　鲁侍萍：不是我要来的。

　　周朴园：谁指使你来的？

　　鲁侍萍（悲愤）：命，不公平的命指使我来的！

　　周朴园（冷冷地）：三十年的工夫你还是找到这儿来了。

　　鲁侍萍（愤怒）：我没有找你。我没有找你，我以为你早死了。我今天没想到这儿来，这是天要我在这里碰见你。

——《雷雨》第二幕

外国文学卷

WAIGUO WENXUE JUAN

荷马史诗 荷马

相关内容

对于作者荷马本人，由于历史资料不全，至今尚没有具体的评定，而《荷马史诗》这部著作本身也谜团重重，争论很多，构成欧洲文学史上所谓"荷马问题"。

根据推测，荷马可能是约公元前 9 世纪—8 世纪的一位盲诗人，他的出生地，有人说是雅典一带，有人说是希腊北部，也有人说是在希腊东部靠近小亚细亚一带；多数古代记载说他是希俄斯岛人或生在小亚细亚的斯弥尔纳人，这两处都在爱琴海东边。关于荷马的名字，也存在争议，有人说这是"人质"的意思。如果真是这样，那么荷马可能本是俘虏或奴隶出身；也有人说这个名字含有"组合在一起"的意思，那么荷马史诗就是由多篇民间传说组合而成；还有传说荷马是个盲乐师，因为古代的职业乐师往往是盲人，荷马是否就是这样一位专业艺人，还有待考证。大多数人认为荷马是确实存在的一位伟大诗人，他把散落在民间的口头传说整理成完整的诗篇《伊利亚特》和《奥德修纪》，以供后人享用。

背景介绍

《荷马史诗》正式成书于公元前 6 世纪。它包括两部史诗，分别为《伊利亚特》（又译《伊利昂纪》）和《奥德修纪》（又译

《奥德赛》）。史诗的内容来源于公元前 12 世纪末希腊半岛南部地区的阿凯亚人和小亚细亚北部的特洛伊人之间发生的一场持续 10 年的战争。战争结束后，民间便有了许多传说。传说以短歌的形式歌颂战争中涌现出来的英雄及其事迹，并与古希腊神话交织在一起，由民间艺人口头传授，代代相传，每逢盛宴或节日，就在氏族贵族的官邸中咏唱。大约在公元前 9 世纪—前 8 世纪，盲诗人荷马以短歌为基础，将之加工整理成演唱脚本，于公元前 6 世纪正式形成文字。公元前 3 世纪—前 2 世纪，亚历山大城的学者对文字进行编辑审订，这便是我们今天见到的《荷马史诗》。《荷马史诗》是欧洲文学最早的和最重要的作品，它为后世诗人提供了丰富的素材与灵感，促成了无数巨著的诞生。

内容概述

　　《伊利亚特》题名的原意是"伊利昂的故事"，主要讲述了希腊人围攻特洛伊城的故事，当时的希腊人称特洛伊为"伊利昂"。这次战争的起因是"不和的金苹果"。不和女神厄里斯因自己没有被邀请参加阿喀琉斯父母的婚礼而记恨在心。她把一个上面写着"给最美的女神"的金苹果扔在宴会桌上，这引起了赫拉、雅典娜、阿佛洛狄忒三位女神的争抢，宙斯让她们去找特洛伊王子帕里斯评判。三位女神都向帕里斯许下承诺。帕里斯把金苹果判给了阿佛洛狄忒，因为她答应让帕里斯娶到世间最美的女人。之后，阿佛洛狄忒让帕里斯得到了斯巴达王墨涅拉俄斯的妻子——美丽的王后海伦，从而引发了特洛伊与希腊之间长达 10 年的战争。在战争开始后的第十年，希腊联军统帅阿伽门农从英雄阿喀琉斯手里抢走了美丽的女俘，阿喀琉斯愤而退出这场战役。由于阿喀琉斯拒绝出战，他的密友帕特洛克罗斯被赫克托耳所杀。阿喀琉斯因痛失好友而决心出战，为亡友复仇。最终，阿喀琉斯杀死

荷马的礼赞。

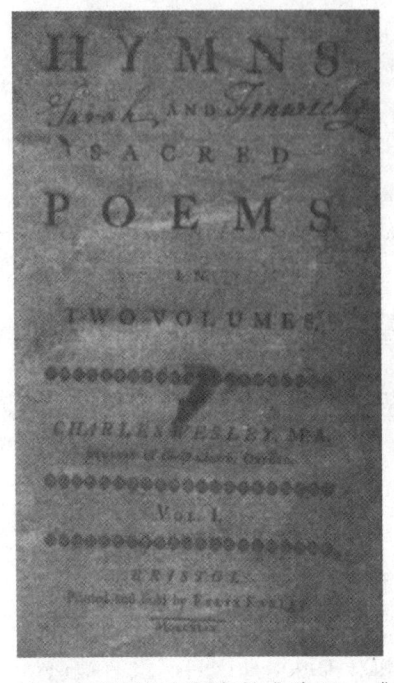

了赫克托耳，并把赫克托耳的尸首带走。伊利昂的老国王普里阿摩斯到阿喀琉斯的营帐去赎取儿子赫克托耳的尸首，协商暂时休战，为赫克托耳举行盛大的葬礼。

《奥德赛》讲述了希腊英雄奥德修斯在特洛伊战争结束后还乡的故事。赫克托耳死后，伊利昂城的战争又持续很久。后来阿喀琉斯被帕里斯射死，希腊英雄奥德修斯便献计制造了一只大木马，内藏伏兵，特洛伊人把木马拖进城，结果希腊人里应外合，攻下了伊利昂城，结束了这场历时 10 年之久的战争。奥德修斯带着他的伙伴，乘船驶向自己的故乡。但他们在回国途中却遇到了种种艰难险阻。《奥德赛》全书前 13 卷采用倒叙的方式讲述了奥德修斯到菲埃克斯岛以后向国王阿尔基诺斯讲述他的遭遇。奥德修斯一行先到了喀孔涅斯人的住地，攻下了王城。然后他们到了一个食迷莲的国家，由于吃了迷莲便忘了故乡。之后，他们又被独眼巨人关在巨人岛上的一个山洞里，奥德修斯沉着冷静，用酒灌醉巨人，并用燃烧的木棒灼伤了巨人的眼睛才得以逃脱。此后，女神喀尔刻把他留在一个岛上，并把他的同伴变成了猪。他还躲过了女妖诱惑的歌声，逃离怪物卡律布狄斯和斯库拉的魔爪，经过重重的艰难险阻，最后他返回家乡。

与此同时，奥德修斯的妻子珀涅罗珀在故乡苦苦地等待丈夫，奥德修斯的儿子忒勒马科斯也已经长大成人，出去打听失踪已久的父亲的消息。许多势利小人以为奥德修斯已死，为夺取奥德修斯的财产，纷纷向奥德修斯的妻子珀涅罗珀求婚。珀涅罗珀拒绝了所有的求婚者，苦苦等待奥德修斯的归来。奥德修斯经过 10 年的颠沛流离，终于回到家乡。他装扮成乞丐进入王宫，与儿子一起杀死了所有的求婚者，处死了帮助求婚者的奴隶，一家人终于幸福团聚。奥德修斯重新当上国王，造福国人。

<<< **经典片段赏析**

丰美的女神加里普索首先开口，说道：

"莱耳忒斯之子，宙斯的后裔，足智多谋的奥德修斯，还在一心想着回家，返回你的故乡？好吧，即便如此，我祝你一路顺风。

不过，你要是知道。在你的心中，当你踏上故乡之前，你将注定会遇到多少磨难，你就会待在这里，和我一起，享受不死的福分，尽管你渴望见到妻子，天天为此思念。但是，我想，我可以放心地声称，我不会比她逊色，无论是身段，还是体态——凡女岂是神的对手，赛比容貌，以体形争攀！"

——《荷马史诗》

堂吉诃德

米盖尔·德·塞万提斯·萨维德拉

 相关内容

米盖尔·德·塞万提斯·萨维德拉（1547 年—1616 年）是西班牙伟大的作家、戏剧家和诗人。1547 年 10 月出生于西班牙首都马德里近郊的一个潦倒的外科医生家庭。塞万提斯从小跟随父亲过着动荡不安、流离失所的生活，他只上过中学。虽然学习机会不多，但他非常喜欢读书，利用一切机会饱览古今文学巨著。1570 年。他进入西班牙驻意军队中服役。参加了多次战斗，直至 1575 年才乘船回国。在归途中，他被阿尔及尔人劫持，成了奴隶。被囚禁 5 年的塞万提斯在 1580 年被赎回国，但生活却了无着落，到处流浪。1587 年他定居塞维利亚，曾先后任粮食征收员和税收员。在这期间他曾两次遭受冤屈被捕入狱。塞万提斯于 1616 年 4 月 23 日去世，他的一生虽经历无数痛苦磨难，却始终坚强不屈。

塞万提斯在 1577 年开始文学创作，他的各种不同形式的作品从不同角度深刻地反映了 16 世纪末西班牙王国走向衰落的社会现实，塑造了上至王公贵族下至流氓妓女的各阶层人物形象，揭露了西班牙封建制度的黑暗，宣扬了人文主义思想。在创作的指导思想上，他主张作家的想象力应与历史状况的真实性统一起来，作品中进行的道德说教应与作品的艺术性统一起来。著名长篇小说《堂吉诃德》是塞万提斯的代表作。这部小说深刻地揭露了 16 世纪末到 17 世纪初正在走向衰落的西班牙王国的各种矛盾，谴责了贵族阶级的荒淫腐朽，在反映现实的深度、广度上，在塑造人物的典型性上，都迈上了一个新的台阶。塞万提斯的作品曾受到许多著名作家和评论家的高度赞誉，在世

界各国翻译出版了一千多次，
成为各国读者普遍熟悉和喜爱
的世界文学名著。

 背景介绍

　　塞万提斯曾说过，他创作《堂
吉诃德》的目的，就是要消除骑士

堂吉诃德雕像。

小说在社会上、在群众之间的声望和影响。骑士制度、骑士精神与
骑士道德是西欧封建社会的一种产物。骑士文学即表现骑士"忠君
护弱"的冒险生活，为博得贵妇人的厚爱所表现的忠贞和武侠精神。
骑士文学与时代精神相差甚远，在文坛和读者中影响极坏。《堂吉诃
德》发表后，骑士小说的确在西班牙销声匿迹了。作者对堂吉诃德
进行风趣讽刺的同时，还对他赋予了深切的同情，并通过堂吉诃德
的个人遭遇，来表达作者的人文主义思想和西班牙黑暗现实之间的
矛盾。从这种意义上看，这个人物又具有了深刻的悲剧性。堂吉诃
德的名字已为世人所熟知，并已经成为空想虚幻、异想天开、主观
主义的代名词。

内容概述

　　这部小说讲述的是一位名叫吉哈达的破落乡绅受骑士小说的毒
害，仿照骑士的做法，拼凑了一副旧盔甲，骑上一匹瘦马，并为自
己取名为堂吉诃德骑士，还物色了邻村一个养猪姑娘为自己的意中
人，暗中给她取了个贵族名字——杜尔
西内娅，决心为她效劳终身。

　　堂吉诃德先后三次出门游历。第一
次，他单枪匹马，来到一座他认为是城
堡的客店，哀求城堡长官封他为骑士。
在客店，他与几个骡夫发生械斗后被客
店主封为骑士。他离开城堡后，看见一
个牧童被人绑在树上鞭打，他便冲上去
解救。当他自以为救了孩子，得意地扬

鞭离去后，小孩又被主人打得死去活来。之后，堂吉诃德遇见6个商人，他以为他们是一伙骑士，便与之比试高低，结果被打得遍体鳞伤，被人送回乡里。他在家中仍不听任何人的劝告，找了同村的贫苦农民桑丘·潘沙做侍从，再次与他外出行侠。

这次堂吉诃德把田野上的风车当做无法无天的巨人，不听桑丘的劝告便持矛跃马冲了上去，结果被旋转的风车掀翻在地，狼狈不堪。他又把赶路的贵妇人当成被魔法师劫走的公主，把羊群当做两支对峙的军队，把理发师的铜盆当成魔法师的头盔，把皮囊当做巨人，做了一桩又一桩荒唐可笑的事。村上的神父和理发师设计将堂吉诃德骗进笼子，送回家中休息。堂吉诃德的身体渐渐恢复，但仍是疯疯癫癫。为了医治堂吉诃德的疯病，卡拉斯科学士与神父等人设下计谋，同意让堂吉诃德再次以骑士身份出门行侠。

堂吉诃德和桑丘第三次出游，堂吉诃德经历了一次次离奇的冒险：向狮子挑战；参加卡马乔的婚礼；进入神秘的蒙特西诺斯深洞冒险；主仆二人受到公爵夫妇的嘲弄……最后，堂吉诃德遇上了扮成白月骑士的卡拉斯科学士，被他打败，他遵照誓约回家休养。堂吉诃德回到家中便卧床不起，临终前他从自己古怪的幻想中走了出来，痛斥骑士小说的危害，并嘱咐他的外甥女不许嫁给骑士，否则得不到任何遗产。堂吉诃德口述完遗嘱之后便离开了人世。

〈〈〈 经典片段赏析

堂吉诃德一看见风车就对侍从说：

"命运的安排比我们希望的还好。你看那儿，桑丘·潘沙朋友，就有三十多个放肆的巨人。我想同他们战斗，要他们所有人的性命。有了战利品，我们就可以发财了，这是正义的战斗。从地球表面清除这些坏种是对上帝的一大贡献。"

——《堂吉诃德》

塞万提斯雕像。

莎士比亚全集  莎士比亚

 相关内容

莎士比亚（1564 年—1616 年）是 16 世纪后半叶到 17 世纪初英国最著名的作家，也是欧洲文艺复兴时期人文主义文学的集大成者。现存剧本 37 部、十四行诗 154 首、长诗两首。

莎士比亚出生在英格兰的一个小镇，少年时因家道中落而被迫辍学，成年以后到伦敦谋生，当过剧院的打杂工、演员和编剧等，最后靠自己的勤奋努力而成就了他在世界文学史上不朽的辉煌。

莎士比亚戏剧按时代、思想和艺术风格的发展，可分为早、中、晚三个时期。早期从 1590 年—1600 年，是莎士比亚人文主义世界观和创作风格的形成时期，其创作精神总体是乐观的。在这一时期，最为人所熟知的作品有《理查三世》《罗密欧与朱丽叶》和《威尼斯商人》等。中期创作从 1601 年—1607 年，由于对现实的失望，其创作风格也越来越倾向悲观、愤慨，所写的悲剧重在揭露、批判社会的种种罪恶和黑暗，写出文学史上不朽的四大悲剧：《哈姆雷特》《奥赛罗》《李尔王》和《麦克佩斯》。晚期创作从 1608 年—1613 年，莎士比亚因深感人文主义理想的破灭而隐居故乡，并开始写浪漫主义传奇剧，作品中带有明显的乌托邦式的空想主义色彩。主要作品有《辛白林》《冬天的故事》和《暴风雨》等。生动的情节、丰富的语言、题材的典型性和鲜明的人物个性构成了莎士比亚戏剧最大的艺术特色。莎士比亚戏剧对后世作家的影响极为深远，在世界文学史上占有极其重要的地位。

背景介绍

莎士比亚是欧洲文艺复兴时期文学史上首屈一指的代表，他创造的戏剧人物丰富多变，各有风采；剧情生动，扣人心弦，引人入胜。直到今天，只要有莎士比亚的剧目上演，观众必然会如潮水般涌入剧场。而且莎士比亚还是一名出色的语言大师，语言既有口语的活泼，又有散文的轻快和诗歌的优美，还蕴涵着深刻的哲理。虽然莎士比亚只用英文写作，但他的剧作在许多国家上演，以其剧作为蓝本的电影就有六百多部，可见其影响之大。

内容概述

莎士比亚的戏剧可大致分为历史剧、喜剧和悲剧三大类，以下主要介绍其中最著名的几部作品。

《亨利四世》是莎士比亚最有代表性的历史剧：英国国王亨利四世的儿子哈尔不思上进，与破落骑士为伴，并与流氓首领福斯塔夫结识，成为鸡鸣狗盗之徒。亨利四世准备率军远征去讨伐异教徒时，却遭遇国家内乱，大臣霍茨波意图谋反。哈尔王子下定决心痛改前非，率军征讨霍茨波，福斯塔夫也随同参战，但福斯塔夫贪生怕死却又自吹自擂，闹了许多笑话。哈尔在战斗中表现十分英勇，不仅救了父亲亨利四世，还亲手处死了霍茨波，王军大获全胜。然而，霍茨波的父亲决心为儿子报仇，叛乱又起，亨利四世此时病重，哈尔再次带兵平定了叛乱。亨利四世死后，哈尔继承了王位，成为亨利五世。流氓首领福斯塔夫闻讯前来想要加官晋爵，享受荣华富贵，哈尔决心同过去一刀两断，做一个贤明君主，便将福斯塔夫等人驱逐出境，永不来往。

《威尼斯商人》是莎士比亚喜剧的代表作：威尼斯商人安东尼奥的朋友巴萨尼奥爱着美丽的鲍西娅，但却苦于无钱去求婚。为帮助朋友，安东尼奥向放

高利贷的犹太人夏洛克借了一笔钱。夏洛克以前曾受过安东尼奥的污辱，他乘机报复，提出苛刻条件：假如安东尼奥到期还不出钱来，就要割他身上的一磅肉抵债。巴萨尼奥追求鲍西娅遇到一个考验，原来鲍西娅的父亲留下一份奇怪的遗嘱：求婚者必须在金、银、铅三个匣子中作出正确的选择才能娶到鲍西娅。巴萨尼奥通过了考验，与鲍西娅喜结良缘。然而，安东尼奥的商船在海上遇险，他不能按期归还夏洛克的钱，而夏洛克步步紧逼，执意要割安东尼奥身上的一磅肉。聪明的鲍西娅得知此事后，化装成律师来到威尼斯。她先假意赞同夏洛克的要求，接着又要求夏洛克割肉时不能让安东尼奥流下一滴血，因为借约上只写了割一磅肉而并没有说要流一滴血。夏洛克狼狈地败诉了，鲍西娅凭着自己的聪明才智，最终获胜，救了安东尼奥。

《哈姆雷特》在莎士比亚悲剧中占据着最高位置。该剧讲述了丹麦王子哈姆雷特突然之间遭遇了一系列不幸：父亲暴卒，叔父克劳狄斯篡位，母亲嫁给了叔父。这使哈姆雷特陷入了巨大的悲痛之中。后来父亲的鬼魂告诉他，是叔父毒死了自己。哈姆雷特决心为父报仇，佯装发疯以迷惑仇敌，并伺机行动。叔父克劳狄斯觉察到了危险，决定除掉他，而哈姆雷特为了进一步证实真相，授意戏班进宫演了一出恶人杀兄、篡位、娶嫂的戏剧。克劳狄斯果然惊恐万分。哈姆雷特的母亲企图劝说儿子忍让，却受到了哈姆雷特的指责，在激愤中哈姆雷特还误杀了情人奥菲利娅的父亲。狡猾的克劳狄斯这时又派哈姆雷特出使英国，命人暗地将他处死，哈姆雷特得知内情后中途逃回丹麦。奥菲利娅之兄雷欧提斯要为父报仇，克劳狄斯借机阴谋安排他和哈姆雷特比武。最后，哈姆雷特在决斗中刺死了叔父，而自己也和母亲一起中毒身亡，结束了全剧。

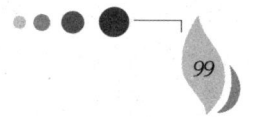

〈〈〈 经典片段赏析

人是宇宙的精华，万物的灵长。

金子！黄黄的、发光的、宝贵的金子！它可以使黑的变成白的，丑的变成美的，卑贱变成尊贵，老人变成少年，懦夫变成勇士。

——莎士比亚《哈姆雷特》

莎士比亚故居。

鲁滨逊漂流记　丹尼尔·笛福

 相关内容

丹尼尔·笛福（1660年—1731年）出生于一个反对英国国教的新教徒家庭，父亲是商人。笛福的一生富有传奇色彩：13岁就开始经商，创办企业屡遭挫折却从不灰心；反对专制，主张民权、开明教育和信仰自由，曾经因为撰文讽刺托利党宗教政策而入狱。他又经营创办过报纸、杂志，发表了很多关于政治、经济的随笔和论文，直至59岁时才开始写小说，《鲁滨逊漂流记》既是他的第一部长篇小说，也是他最负盛名的小说。此后他又相继发表了《摩尔·弗兰德斯》《辛格顿船长》《大疫年日记》等小说，并享有"英国小说之父""报刊文学之父"等称号。

 背景介绍

1719年，《英国人》杂志刊登了这样一则新闻：一位苏格兰水手赛尔科克与船长发生冲突，被抛弃在荒岛上孤独地生活了四年多后，变成了一个忘记了人类语言的野人。后来，一位航海家发现了他，把他带回英国。这则新闻激发了英国作家笛福的灵感，他以此为素材，从而创作了一部举世闻名的冒险小说《鲁滨逊漂流记》。

《鲁滨逊漂流记》发表于1719年，

此时的欧洲，资本主义发展迅速，封建制度已成为各国前进道路上的巨大障碍。随着社会的发展，日益强大的资产阶级再也不愿与封建专制王权妥协，他们针对"君权神授"的概念，提出了"天赋人权"的理论，认为国家权力属于人民，要求法律面前人人平等，并提出"自由、平等、博爱"的口号。

资产阶级的进步思想，在很大程度上代表了劳动人民的利益，体现了民众的愿望，符合时代的发展要求。然而由于资产阶级本身的局限性，启蒙思想家的唯物主义并不彻底，他们不相信群众的力量，而把启蒙教育当做改造社会的方法。在提出"自由、平等、博爱"的同时，还要求保护私有财产，认为这是"人的自然权利"，其实这只不过是保护资产阶级私有制的权利。启蒙思想家所宣扬的理性王国，不过是资产阶级理想化的自由王国。

笛福的作品就是反映英国经济上升时期商业资产阶级的明显代表。他的冒险小说一方面是与贵族骑士的冒险小说相对立的；另一方面，由于当时的英国社会对于游历和地理上的新发现的兴趣日益增长并引起了殖民侵略扩张，所以也反映了当时英国商业资产者向海外扩张的要求。

内容概述

出身于一个体面的商人家庭的鲁滨逊，喜欢航海，一心想去海外见识一番。他瞒着父亲出海，第一次航行就遇到大风浪，船只沉没，好不容易才保住性命。他第二次出海时，到非洲经商赚了一笔钱。第三次又遭不幸，被土耳其人俘获，成为他们的奴隶。他划着主人的小船逃跑，途中被一艘葡萄牙货船救起。船到巴西后，他在那里买下一个庄园，做了庄园主。但鲁滨逊不甘于这样的发财致富，又再次出海，到非洲去贩卖奴隶。船在途中遇到风暴触礁，船上的水手、乘客全部遇难，唯有鲁滨逊幸存，只身漂流到一个杳无人烟的孤岛上。他用沉船的桅杆做木筏，把船上的食物、衣服、枪支弹药、工具等运到岸上，并在小山旁边搭起帐篷定居下来。他用简单的工具制作桌、椅等家具，捕猎野味为食，饮溪里的水，战胜了最初的困难。

后来，鲁滨逊开始在岛上种植大麦和稻子，自制木臼、木杵、筛子，加工面粉，烘出了粗糙的面包。他捕捉并驯养野山羊，让其繁殖。他还制作陶器等，保证了自己的生活需要。即使这样，鲁滨逊也一直没有放弃寻找离开孤岛的办法。他砍倒一棵大树，用五六个月的时间做了一只独木舟，但船实在太重，鲁滨逊根本无法把它拖下海。

鲁滨逊在岛上独自生活了 17 年后的一天，他发现岛边海岸上都是人骨，而且有生过火的痕迹。原来外岛的一群野人曾在这里举行过人肉宴。鲁滨逊惊愕万分。此后他便一直保持警惕，更加留心周围的事物。直到第 24 年，岛上又来了一群野人，还带着准备杀死并吃掉的俘虏。鲁滨逊发现后，救出了其中的一个。鲁滨逊把被救的土著人取名为"星期五"。此后，"星期五"成了鲁滨逊忠实的仆人和朋友。接着，鲁滨逊带着"星期五"救出了一个西班牙人和"星期五"的父亲。不久有条英国船在小岛附近停泊，船上水手闹事，

把船长等三人抛弃在岛上，鲁滨逊与"星期五"帮助船长制伏了那帮水手，夺回了船只。他把那帮水手留在岛上，自己带着"星期五"和船长等人离开了荒岛回到英国。此时鲁滨逊已离家35年。随后他在英国结了婚，生了三个孩子。妻子死后，鲁滨逊又一次出海经商，路经他住过的荒岛，这时留在岛上的水手和西班牙人都已在那里安家、繁衍生息。鲁滨逊又送去新的移民，并将岛上的土地分给他们，留给他们各种日用必需品，才满意地离开了小岛。

〈〈〈　经典片段赏析

　　一天中午，我正走去看我的船，忽然在海边上发现一个人的脚印；那是一个赤脚的脚印，清清楚楚地印在沙滩上。这简直把我吓坏了。我呆呆地站在那里，犹如挨了一个晴天霹雳，又像大白天见到了鬼。我侧耳倾听，又环顾四周，可什么也没有听到，什么也没有见到。我跑上高地，向远处眺望，又在海边来回跑了几趟，可还是毫无结果。脚印就这一个，再也找不到其他脚印，我跑到脚印前看看还有没有别的脚印，看看它是不是我自己的幻觉。可是，脚印就是脚印，而且就这么一个，不容置疑。脚指头，脚后跟，是一个完整的脚印。可这脚印是怎么在这儿留下来的呢？我无法知道，也无从猜测。

——《鲁滨逊漂流记》

双城记 查尔斯·狄更斯

相关内容

狄更斯（1812—1870 年），英国小说家。他出身于贫苦的小资产阶级家庭，父亲是英国海军军需处的小职员。狄更斯曾在皮鞋作坊当过学徒，16 岁时在一家律师事务所当抄写员，后担任报社的采访记者，他只上过几年学，全靠刻苦自学和艰辛写作成为知名作家。其作品广泛而深刻地描写了维多利亚盛世时期社会生活的各个方面，鲜明而生动地刻画了各阶层的代表人物形象，并从资产阶级人道主义出发，对资本主义人与人之间的金钱关系以及政治、经济、法律、教育等各方面进行了深刻的揭露和批判。对劳动人民的苦难及其反抗斗争给予同情和支持；但同时他也宣扬以"仁爱"为中心的忍让宽恕等阶级调和思想，反映了他的局限性。

狄更斯三十多年间创作了 14 部长篇小说及许多中短篇小说，其中最著名的当数以 1789 年法国大革命为背景的小说《双城记》。它借描写法国贵族的荒淫残暴、人民群众的重重苦难和法国大革命的威力，来影射当时英国的社会现实。

背景介绍

狄更斯对法国大革命极为关注，曾反复研读英国历史学家卡莱尔的《法国革命史》和其他学者的有关著作。这主

狄更斯像。

要来自于他对当时英国潜伏着的严重的社会危机的忧虑。1854年底，他说："我相信，不满情绪像这样冒烟比火烧起来还要坏得多，这特别像法国在第一次革命爆发前的公众心理，这就有危险，由于千百种原因——如收成不好、贵族阶级的专横与无能把已经紧张的局面最后一次加紧，海外战争的失利、国内偶发事件等变成那次从未见过的一场可怕的大火。"1859年，狄更斯创作完成了《双城记》。这部小说一方面希望以法国大革命的历史经验为借鉴，给英国统治者敲响警钟；同时，通过对革命恐怖的极端描写，也对希望以暴力对抗暴政的人民群众提出警告，幻想为社会矛盾日益加深的英国现状寻找一条出路，这集中反映了狄更斯人道主义思想的矛盾之处。

内容概述

1757年12月的一个月夜，寓居巴黎的年轻医生梅尼特外出散步时，突然被厄弗里蒙地侯爵兄弟强迫出诊。在侯爵府第中，他目睹了一个发狂的绝色农妇和一个身受剑伤的少年饮恨而死的惨状，并获悉侯爵兄弟恣意践踏农家妇女，并杀害其全家的真相。他写信向朝廷告发。不料控告信落到侯爵手中，医生受到诬陷并被关进巴士底狱，从此与世隔绝，杳无音讯。两年后，医生的妻子心碎而死。幼小的孤女路茜被好友劳雷接到伦敦抚养。

18年后，梅尼特医生获释。此时，他已经精神失常，幸好被从前的管家得伐石收留。这时，女儿路茜已经成人，专程接他去英国居住。旅途上，她邂逅法国青年查理·代尔纳，受到他的细心照料。

原来代尔纳就是侯爵的儿子。他自动放弃贵族的特权，移居伦敦。他对路茜产生了真诚的爱情。梅尼特为了女儿的幸福，欣然同意了他们的婚事。

在法国，叔父厄弗里蒙地侯爵继续为所欲为。他的马车随随便便地轧死了一个农民的孩子，而他本人最终被孩子的父亲用刀杀死。压抑在法国农民心头上的怒火，即将像火山一样爆发。得伐石的酒店就是革命活动的联络

点，他的妻子不停地记录贵族的暴行，渴望复仇。

1789 年法国大革命的风暴终于袭来了。巴黎人民攻占了巴士底狱，把贵族一个个送上断头台。为了营救管家盖白勒，代尔纳冒险回国，不幸被革命者逮捕，梅尼特父女闻讯后星夜赶到。医生出庭作证使代尔纳回到妻子的身边。可是，几小时后，代尔纳又被逮捕，由于当年梅尼特医生的血书，代尔纳再次被判处死刑。

这时，一直暗暗爱慕路茜的律师助手卡尔登来到巴黎，混入监狱，顶替了和他长得十分相似的代尔纳。梅尼特父女早已准备接应，代尔纳一行人顺利地离开法国。

得伐石太太到梅尼特住所搜捕路茜及其幼女未果，在与普洛斯的争斗中，因枪支走火而毙命。而断头台上，卡尔登最终为了爱情，从容献身。

〈〈〈 经典片段赏析

> 每个人对别的人都是个天生的奥秘和奇迹——此事细想起来确实有些玄妙。
>
> 自从想象得以实现以来，有关饕餮颟顸不知饱足的种种恶魔的想象便都凝聚在一个发明上了，那发明就是断头台。
>
> ——《双城记》

傲慢与偏见 珍妮·奥斯丁

 相关内容

珍妮·奥斯丁（1775年—1817年）是一位英国女作家。她1775年生于英国南部的乡村小镇斯蒂文顿，父亲是当地教区牧师，她在兄弟姐妹8人中排行第六。奥斯丁从没有上过正规学校，只是9岁时曾被送往姐姐所在的学校随读，可是奥斯丁在父母指导下阅读了大量文学作品，20岁左右就以写作为乐事。她一生共发表了6部长篇小说。1811年出版了处女作《理智与情感》，随后又接连发表了《傲慢与偏见》（1813年）、《曼斯菲尔德花园》（1814年）和《爱玛》（1815年）。《诺桑觉寺》和《劝导》（1818年）是在她去世后第二年发表的，并署上了作者的真名。她的作品格调轻松诙谐，富有喜剧性，因此，深受广大读者欢迎。

 背景介绍

"感伤小说"和"哥特小说"充斥着18世纪至19世纪初的英国文坛，而奥斯丁的小说破旧立新，展现了当时尚未受到资本主义工业革命冲击的英国乡村中产阶级的日常生活和田园风光。奥斯丁在这部小说中通过伊丽莎白姐妹对待终身大事的不同做法，向我们展示了乡村中产阶级家庭出身的少女对婚姻爱情问题的不同态度，

珍妮·奥斯丁像。

从而阐明了作者的恋爱婚姻伦理道德观：婚姻绝对不能仅仅建立在金钱、财产或地位的基础上，如果没有真挚的感情，那么这种婚姻是不可能长久的。但作者对待金钱和地位的态度又不是绝对排斥的，这应该与她自身所处的地位和家庭生活经历有关。

19 世纪乃至现代许多作家都从不同程度上吸取了《傲慢与偏见》在描绘手法和讽刺笔调方面的营养，同时这本书改变了当时知识妇女对于爱情婚姻的看法，深受她们的欢迎。

内容概述

贝内特太太家附近的庄园新搬来一位未婚的阔少爷宾利先生，在这位新邻居家举行的家庭舞会上，宾利先生和美丽温柔的大小姐——简一见钟情。宾利的朋友达西相貌英俊，家财万贯，但因为傲慢无礼，得罪了活泼、聪慧的二小姐——伊丽莎白。后来达西喜欢上了她，对她大献殷勤。与此同时，宾利的妹妹对达西感情暧昧，也想嫁给达西，她竭力破坏达西和伊丽莎白的感情，却没能如愿。而真正让达西担心的却是伊丽莎白的穷亲戚，所以他告诫自己要疏远她。

在姨父家里，伊丽莎白认识了年轻军官乔治·威克姆，他表面看起来风度翩翩，实际了却龌龊不堪，达西的父亲曾有恩于他，他却企图拐骗达西年幼的妹妹，被达西及时发现而未能得逞，威克姆从此对达西怀恨在心。于是他污蔑达西冷酷狭隘，骗取了他的遗产。伊丽莎白不知内情，信以为真，对达西产生厌恶却对威克姆产生了爱慕。

宾利的姊妹们写信告诉简，他们已经到了伦敦，不会再回来了，这意味着简和宾利的关系将不了了之。简去伦敦探望她的舅妈加德纳夫人，希望在那里能邂逅宾利。在那里，简没有见到宾利，因为达西和卡罗琳姐妹故意不让宾利知道简在伦敦。

三月份，伊丽莎白到肯特郡去

看望女友夏洛特，与探望姨妈的达西不期而遇，达西再次被伊丽莎白所吸引，向她傲慢地贸然求婚，伊丽莎白愤怒地拒绝了他，并谴责他对简和威克姆的不公正。达西第二天写信给伊丽莎白，承认他曾阻挠宾利与简接触，同时说出了"威克姆事件"的真相。

伊丽莎白对达西的偏见消除了，第二年她在达西的庄园与他再次重逢，并爱上了他。不久，宾利也在达西的陪同下返回内瑟菲尔德花园，和简订婚。达西的姨妈来找伊丽莎白，她盛气凌人地要求伊丽莎白放弃达西。伊丽莎白明白地告诉对方，只要达西娶，她就会嫁。达西的姨妈回去把这件事告诉达西，达西重新燃起希望，再次向伊丽莎白求婚，而这次态度谦卑得体，伊丽莎白愉快地接受了。

至此，贝内特一家已经嫁出了三个女儿，贝内特太太满怀喜悦，而贝内特先生也十分高兴地等待再有求婚者上门。

〈〈〈 经典片段赏析

将感情埋藏得太深有时是件坏事。如果一个女人遮盖住对自己所爱的男子的感情，她或许会失去得到他的机会。

什么事都可以随便，没有爱情可千万不要结婚。

——《傲慢与偏见》

简·爱 夏洛蒂·勃朗特

 相关内容

夏洛蒂·勃朗特（1816年—1855年）出生于英国北部偏僻山区的一个贫寒的牧师家庭，是英国著名的女作家。夏洛蒂·勃朗特是著名的勃朗特三姐妹之一，而三姐妹中又数她的妹妹艾米丽·勃朗特和她最为出色，她们的名字和盖斯凯尔夫人一起，构成那个时代英国女性文学的最高荣誉。夏洛蒂早年丧母，她曾和其他几个姐妹一起被送进一家条件恶劣、教规严厉的寄宿学校读书。夏洛蒂留校任教三年后外出任家庭教师，这些经历在《简·爱》中均可以找到相应的叙述。她也曾与妹妹艾米丽一起于1842年到比利时布鲁塞尔学习法语和古典文学。

夏洛蒂自小酷爱文学，深受法国浪漫主义文学的影响，她的情感生活远没有简·爱那样充满传奇色彩，到38岁才与父亲的助手结婚，婚后过了一段短暂的幸福生活，次年便去世了。夏洛蒂的作品主要描写贫苦的小资产者的孤独、反抗和奋斗，属于被马克思称为以狄更斯为首的"出色的一派"。《简·爱》是她的处女作，也是代表作，至今仍受到广大读者的欢迎。夏洛蒂还出版过诗集，她的其他小说有《谢利》（1849年）、《维莱特》（1853年）和《教师》（1857年）等。

背景介绍

19世纪的英国，十分抵触妇女从事文学创作活动，因此在发表《简·爱》时，夏洛蒂不得不使用了一个男性化的化名柯勒·贝尔，当《简·爱》受到广泛欢迎后，对这位作家性别的猜测一时间也成为热门话题。《简·爱》的意义不仅在于使英国文坛发现了女作家夏洛蒂·勃朗特，更使全世界千千万万的女性从女主人公简·爱身上找到了追求平等与自立的信心和动力。

这是一部以爱情为主题的小说。主人公简·爱是一个纯洁、善于思考的女性，她生活在社会底层，受尽磨难。她的生活遭遇令人同情，但她那倔犟的性格和勇于追求平等幸福的精神却令人们赞赏。

小说主要描写了简·爱与罗切斯特的爱情。简·爱的爱情观深化了她的个性。她认为爱情应该建立在精神平等的基础上，只有男女双方彼此真正相爱，才能得到真正的幸福。在追求个人幸福时，简·爱表现出异乎寻常的纯真、朴实和一往无前的勇气。

内容概述

简·爱从小被舅舅收养，舅舅去世后她过着辛酸痛苦的生活，舅母和其儿女对她百般虐待。只有使女贝茜关心她。枯燥乏味的生活使简决心离开洛乌德，于是她离开了学校，到桑菲尔德庄园去做家庭教师，简的质朴善良和大方得体的谈吐赢得了庄园主人罗切斯特的好感，精神上的相互理解和相互吸引使他们默默地相爱，为了证实简对自己的感情，罗切斯特假意向美丽却傲慢、势利的贵族小

姐英格拉姆求婚。但在这期间，病重垂危的舅母出于良心的谴责，将简唤回，告诉了她多年来隐瞒着的秘密：简的一位叔叔曾找过她，而出于忌恨，她告之说简已死于伤寒。简得知后原谅了她。为其料理完后事后归来的简终于难以忍受内心的痛苦，大胆地向罗切斯特倾诉了对他的深情。在一个幽静的黄昏，两人互吐心扉，简幸福地接受了罗切斯特的求婚。然而就在二人要举行婚礼时，陌生人梅森却带给

简一个惊人的消息，罗切斯特已经有了一个妻子。悲愤至极的罗切斯特向简讲述了自己的隐衷，在他年少无知的时候，在爱财如命的父亲的撮合下娶了一位西印度群岛种植园主的女儿，她就是那个被关在楼上的曾经想烧死他的疯女人。他无法面对自己将和一个精神病患者一同生活的事实，直到简走进他的生活，简的出现又使他燃起了新的希望。他渴望简能谅解这一切，继续他们的幸福。然而，道德和自尊的力量使简作出了痛苦的决定，她选择离开他。

简做了一名小学教员，重新开始了一段安定平静的生活。在此期间，她意外地获得了远方未曾谋面的叔叔留给她的一笔遗产。当年轻有为、满怀宗教热情的圣约翰向她求婚，希望她与自己一道去印度传教时，她才发现自己仍深爱着罗切斯特，她仿佛听到了罗切斯特深情的呼唤。爱情的召唤使她下定决心，回到了桑菲尔德。然而，当她重新踏上这片熟悉的土地时，迎接她的却是一片残垣断壁。疯女人烧毁了庄园，自己也从房顶上掉下来摔死了，而罗切斯特为了救她，弄瞎了自己的眼睛。即使这样，简仍将自己的命运与他紧密地结合在一起。二人携手走进婚姻的殿堂。当他们的第一个孩子降生的时候，罗切斯特的眼睛也重见光明。一家人从此过着幸福快乐的生活。

<<< 经典片段赏析

　　你以为我贫穷、相貌平平就没有情感吗？我向你起誓，如果上帝赋予我财富和美貌，我会让你难于离开我，就像我现在难于离开你一样。可是上帝没有这样安排。但我们的精神是平等的。就如你我走进坟墓，平等地站在上帝面前。

——《简·爱》

呼啸山庄 艾米丽·勃朗特

 相关内容

艾米丽·勃朗特（1818 年—1848 年），19 世纪英国女作家，和姐姐夏洛蒂·勃朗特（《简·爱》的作者）、妹妹安·勃朗特（《艾格尼斯·格雷》的作者）并称为"勃朗特三姐妹"。艾米丽性格内向，娴静文雅，自幼就酷爱写诗。1846 年，她们三姐妹曾自费出版过一本诗集。艾米丽还创作了 1937 首诗，被后人认为是英国一位天才的女作家。《呼啸山庄》是她唯一的一部小说，却奠定了她在文学史上的地位。这部小说与《简·爱》、《艾格尼斯·格雷》同时发表于 1847 年 12 月，但只有《简·爱》获得成功，《呼啸山庄》并不为当时的读者所理解，甚至她自己的姐姐夏洛蒂也无法理解艾米丽的思想。1848 年，艾米丽默默地离开了这个世界，年仅 30 岁。

 背景介绍

艾米丽生性寂寞，自小内向的她，缄默又总带着几分以男性自居的感觉，诚如夏洛蒂所说的："她的性格是独一无二的。"少女时代，当她和姐妹们在家里"编造"故事、写诗的时候，她就显得很特别，后来收录在她们诗歌合集中艾米丽的作品总是如同波德莱尔或爱伦·坡那样被"恶"这一主题

艾米丽·勃朗特像。

所困惑，在纯净的抒情风格之间总笼罩着一层死亡的阴影。在她写作《呼啸山庄》时，这种困惑与不安的情绪变得更加急躁，她迫切需要创造一个虚构的世界来演绎它，把自己心底几近撕裂的痛苦借小说人物之口淋漓尽致地发泄出来。因此《呼啸山庄》是饱含作者心血与情感的作品。

内容概述

英格兰北部，有一座几乎与世隔绝的"呼啸山庄"。主人恩肖收养了一个弃儿，取名希斯克利夫，让他与自己的儿女辛德雷和凯瑟琳一起生活。希斯克利夫与凯瑟琳朝夕相处并萌发了爱情，但辛德雷十分憎恶他。老恩肖死后，辛德雷不仅禁止希斯克利夫与凯瑟琳接触，还对他百般虐待和侮辱。

一天，希斯克利夫与凯瑟琳秘密外出，凯瑟琳认识了邻近的画眉田庄的小主人埃德加·林顿。他爱慕凯瑟琳的美貌，不久便向她求婚，天真幼稚的凯瑟琳竟同意了嫁给林顿。希斯克利夫知道凯瑟琳出嫁的消息后，痛不欲生，愤然出走。

数年之后，衣锦还乡的希斯克利夫要向辛德雷和林顿进行报复。

辛德雷是个生活放荡的纨绔子弟，酗酒、赌博，肆意挥霍家产，终至穷困潦倒。连剩下的家产都抵押给了希斯克利夫，并沦为他的奴仆。希斯克利夫经常拜访画眉田庄，林顿的妹妹伊莎贝拉对他倾心不已，随他私奔。但他把她囚在呼啸山庄并折磨她，以发泄自己强烈的怨愤。

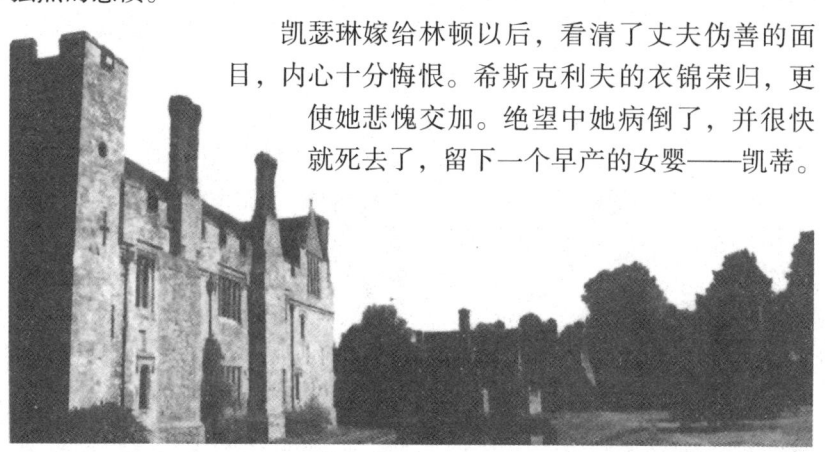

凯瑟琳嫁给林顿以后，看清了丈夫伪善的面目，内心十分悔恨。希斯克利夫的衣锦荣归，更使她悲愧交加。绝望中她病倒了，并很快就死去了，留下一个早产的女婴——凯蒂。

伊莎贝拉趁乱逃出，来到伦敦郊外，不久生了一个男孩，取名林顿·希斯克利夫。辛德雷在凯瑟琳死后不到半年便酗酒而死，而他的儿子哈里顿落入希斯克利夫的掌心，希斯克利夫在孩子身上进一步实施报复，12年后，伊莎贝拉病死他乡，希斯克利夫接回儿子，但却非常厌恶他。

希斯克利夫趁林顿病危之际，将凯蒂接来，并强迫她与儿子结婚。几天后，林顿死去，希斯克利夫又成了画眉田庄的主人。小希斯克利夫婚后不久也悄然死去。

这时，哈里顿已经23岁了，他敦厚忠实，风度翩翩。凯蒂对他产生了爱情。这让希斯克利夫大为恼怒。他决心拆散这对恋人。然而，当他再仔细观察他们时，昔日的凯瑟琳和他相爱时的情景浮现眼前。他心头的恨消退了，爱复活了，他不忍心再报复。他要去寻找凯瑟琳。在一个风雪之夜，他呼唤着凯瑟琳的名字，离开了尘世。

〈〈〈 经典片段赏析

我在这世上最大的苦恼，就是希斯克利夫的苦恼；他的每一个苦恼，从刚开头，我就觉察到，切身感觉到了。我生命中最大的思念就是他，即使其他一切都毁灭了。独有他留下来，我依然还是我。假使其他一切都留下，独有他毁灭了，那整个宇宙就变成一个巨大的陌生人，我就不像是它的一部分了。

——《呼啸山庄》

复活 列夫·托尔斯泰

 相关内容

列夫·托尔斯泰（1828 年—1910 年），出身于贵族家庭，是俄国现实主义文学最伟大的代表。他是一位伟大的作家，同时也是欧洲文明史上六位伟大人物之一。托尔斯泰的主要创作活动，是在 1861 年农奴制改革到 1905 年俄国第一次资产阶级革命期间，这正是俄国社会大变动时期。1863 年—1869 年，他完成了史诗性的长篇小说《战争与和平》。1873 年——1877 年完成了第二部著名长篇小说《安娜·卡列尼娜》。1889 年—1899 年完成了集中体现他晚年的思想和艺术特征的长篇小说《复活》。

托尔斯泰一生充满着传奇。1910 年冬天的一个早晨，82 岁的俄国文豪列夫·托尔斯泰突然离家出走，最后死在了一个偏僻的乡村火车站里。这位享誉世界的著名作家，内心到底有哪些解不开的矛盾？至今仍是一个解不开的谜……

《复活》成书于 1899 年，作者动笔之时是在 10 年之前，小说是以真人真事为基础写成的，但成书后的作品思想与作者要写一部道德教诲小说的初衷相悖。作者改写后的小说，主题的深化和社会化让作品同样吸引人，同样意义深远……

 背景介绍

《复活》是根据案例"科尼的故事"加工而成的。有一个属于上层社会的年轻人奥尼找到律师科尼，向他提出要与一个叫罗扎

列夫·托尔斯泰被列宁称颂为具有"最清醒的现实主义"的"天才艺术家"。

莉娅的女犯人结婚。科尼了解到,罗扎莉娅的父亲是一家贵族地主的佃农。父亲死后,女主人收留她当女佣人。罗扎莉娅出落得非常漂亮。16岁那年,女主人的侄儿奥尼诱奸了她。而罗扎莉娅怀孕后奥尼便把她遗弃了,随后她又被女主人赶出家门,由于生活没有着落,她被迫沦为妓女。后来,她在妓院里因偷了醉酒的嫖客100卢布而被带上法庭受审。当年诱骗他的奥尼此时正坐在陪审员席上,他认出这个不幸的妓女原来是自己当年欲望的牺牲品,因此良心受到极大的谴责,最后决定同她结婚以赎罪;罗扎莉娅也呈文同意,却不幸因患斑疹伤寒死在监狱的医院里,婚礼未能举行。科尼说,从那以后,奥尼不知去向,很多年之后,他竟在一张副省长的任命书上看到了奥尼的名字。

这个故事让托尔斯泰极感兴趣,也让他异常激动。但小说的创作过程并不顺利,最大的困扰是由于听来的故事尚未完全转变成心灵的感悟,找不到表达思想的、合适的艺术形式。托尔斯泰在小说中把女主人公描写得很无辜,通过法庭对她的不公正审判来揭露司法制度的荒谬,这样就赋予情节以丰富的社会内容,使小说的主题超出了道德和赎罪的范围。这是通往批判现存制度这一宏大主题的第一个阶梯,这个主题后来成了《复活》的主要枢纽。

1891年初,托尔斯泰突然想把他对俄国社会生活的全面、深刻的认识与批判同科尼的故事融汇在一起,创作一部大容量的长篇小说。托尔斯泰觉得他原先所反映的只是男女主人公的道德冲突,贵族的道德沦丧,现在应该"从农民的生活写起",站在农民的立场上把人民群众的苦难与仇恨写出来。这样,人物的位置和比重发生了变化,把描写聂赫留朵夫的忏悔史转到描写玛丝洛娃的身世遭遇上来,而道德忏悔只是一个附属的主题。

然而,当托尔斯泰兴致勃勃地把全书写成后,却又禁不住对自己的作品不满起来。1895年完成的那一稿,结尾是写聂赫留朵夫和玛丝洛娃在监狱教堂结婚,然后一起到西伯利亚;聂赫留朵夫

著书立说，反对土地私有制度，同时教附近的儿童读书；沙皇政府认为他的活动危害甚大，准备将他再次流放，他得悉这个消息后，携玛丝洛娃逃到国外，在伦敦住下来并继续他的宣传。

但给生活的悲剧安排一个幸福的结局，既不符合生活的真实，也不符合人物性格的逻辑。一个被作践的、吃尽苦头的女人怎么会甘心同作践她、给她带来巨大痛苦的人结婚？一般说来这是不可信的。严格遵循现实主义原则的托尔斯泰很快就认识到了这一点。他认为："整个结尾都得重写。"

结尾难关的攻破，标志着《复活》创作道路上所有的障碍都已被扫除，此后的写作便畅通无阻了。托尔斯泰的创作热情空前高涨起来。他对作品的情节和主题一改再改，小说定稿时卷帙浩繁，而它的初稿只有 15 页 32 开的书写纸！

《复活》的创作，前后长达 11 年，修改达二十多次。尽管 11 年间托尔斯泰并非都在写这部小说，但其艰苦程度仍是可想而知的。1899 年，托尔斯泰除了紧张地校订小说清样外，还专心写作小说的第三部，直到年终才完成了整个创作。

沙俄当权者对《复活》又恨又怕。他们不敢公开禁止这部书的出版，只好在出版审查时将作品内容大加削减。全书 129 章中最后未经删减而发表的只有 25 章。十月革命前，人们从未读到过完整无缺的原著。直到 1933 年《托尔斯泰全集》出版时，读者才第一次完整地读到《复活》的全文。

内容概述

一天，聂赫留朵夫因担任地方法院陪审员到法院去参加一场让人失笑的审判。当天要审判的是一件杀人抢劫案，被控者是一个妓女，她因毒杀客人并盗窃其黄金与戒指而被捕。当聂赫留朵夫看到被告，并听说她叫玛丝洛娃时，吓了一大跳。因为他曾经在拜访亲戚时，诱奸了一位美丽而纯洁的女孩儿，但他始乱终弃，在玩弄她后，便用金钱将她打发了事。眼前的被告就是那位女子，她因自暴自弃而沦为妓女。虽然在此案件中她是无辜的，但由于法官心不在焉，反而使她被判了四年徒刑，并将被送至西伯利亚。聂赫留朵夫不禁为自己间接毁了一个女人的一生而深觉罪恶，于是下定决心要设法拯救她。

他首先到监狱去请求她的原谅，并请律师及有关人士帮忙，但即便这样仍无法改变刑罚，因此，卡秋莎·玛丝洛娃被送往西伯利亚，而聂赫留朵夫也决定放弃贵族的奢侈生活与她同行。在西伯利亚服刑期间，卡秋莎·玛丝洛娃终于被改判无罪。当聂赫留朵夫带着通知去找她，并想在她恢复自由后与她结婚时，卡秋莎·玛丝洛娃已决定嫁给一位政治犯，同时也是革命家的西蒙松。虽然她的心里仍爱着聂赫留朵夫，但为了他的前途，她还是选择了另一条路。

简单的陈设，朴素的家具，这里就是托尔斯泰曾经生活过的地方。

聂赫留朵夫以复杂的心情祝福了卡秋莎·玛丝洛娃。

〈〈〈　经典片段赏析

　　回到旅馆，聂赫留朵夫没有上床睡觉，而是在房间里久久地来回踱步。他跟卡秋莎的事已经结束。她不再需要他，这使他感到伤心和羞愧。不过现在使他痛苦的倒不是这件事。他的另外一件事不仅没有结束，而且比以往任何时候都更使他痛心，并且要求他有所行动。

——《复活》

钢铁是怎样炼成的

奥斯特洛夫斯基

 相关内容

奥斯特洛夫斯基（1904 年—1936 年），苏联作家，出生在乌克兰一个贫困的工人家庭。他 11 岁便开始当童工。1919 年加入共青团，随即参加国内战争。1923 年—1924 年担任乌克兰边境地区共青团的领导工作，1924 年加入共产党。由于他长期参加艰苦的斗争，健康受到严重损害。到 1927 年，他的健康状况急剧恶化，但他毫不屈服，以惊人的毅力同病魔抗争到底。

　　1929 年，奥斯特洛夫斯基全身瘫痪，双目失明。之后，他以自己的亲身战斗经历为素材，以顽强的意志开始创作长篇小说《钢铁是怎样炼成的》。小说获得了巨大成功，得到众人的称赞，他也从此家喻户晓，一夜成名。1934 年，奥斯特洛夫斯基被吸收为苏联作家协会会员。1935 年底，前苏联政府授予他列宁勋章，以表彰他在文学方面的创造性劳动和卓越的贡献。1936 年 12 月 22 日，奥斯特洛夫斯基因病离开人世。

奥斯特洛夫斯基在全身瘫痪，双目失明的情况下创作了《钢铁是怎样炼成的》。

背景介绍

　　《钢铁是怎样炼成的》是一部自传体小说。主人公保尔·柯察金的原型就是作者本人。该书描写了十月革命后第一代苏维埃青年，在布尔什维克党的领导下，同国内外敌人及各种困难进行顽强斗争，并抗争到底的经历。小说出版后鼓舞了苏联千百万青年，使他们有战胜困难的勇气，保尔精神成为一种时代精神。他的名字被公认为是那个时代共青团的象征。卫国战争时期，战斗在前线的苏维埃青年在保尔·柯察金的精神鼓舞下同法西斯浴血奋战。这本书的出版，给战士们以精神上的支持，是参战者的精神支柱。

内容概述

　　保尔是一个贫苦工人家的小儿子，从小在苦水中长大。早年丧父，母亲替人洗衣、做饭养家糊口，哥哥是工人。保尔12岁时，母亲把他送到车站食堂当杂役，他在食堂里干了两年活，受尽了欺凌和侮辱。

　　十月革命爆发后，保尔的家乡乌克兰谢别托夫卡镇也和苏联其他地方一样，遭受了外国武装干涉者和国内反动派的践踏。红军解

放了谢别托夫卡镇后很快就撤走了，只留下老布尔什维克朱赫莱在镇上做地下工作。朱赫莱在保尔家里住了几天，给保尔讲了许多关于革命、工人阶级和阶级斗争的道理："现在全世界都着火了，奴隶们起义了，他们要把旧世界推翻，但是，要实现这个，需要的是一伙勇敢的、能够坚决斗争的弟兄。"朱赫莱的启发和教育对保尔的思想成长起着决定性的作用。

后来，朱赫莱被白匪军抓去了，保尔经过四处打听，最终，从匪兵手中救了他。但是由于波兰贵族李斯真斯基的儿子维克多告密，保尔被抓进了监狱。从监狱出来后，保尔不敢回家，便不由自主地来到冬妮亚的花园门前，与冬妮亚再次相遇。保尔在与冬妮亚的交往过程中，慢慢地产生了爱情。保尔为了避难，便答应了冬妮亚的请求，住了下来。几天后，冬妮亚找到了保尔的哥哥阿尔青，由他把保尔送到喀查丁参加了红军。在一次激战中，保尔头部受了重伤，但他以惊人的毅力战胜了死亡。出院后，他立即参加恢复和建设国家的工作，以工人阶级主人翁的姿态，紧张地投入各项艰苦的工作中，他参与共青团的工作，并直接参加艰苦的体力劳动。在兴建窄轨铁路时，保尔表现出了高度的政治热忱和忘我的劳动精神。

保尔自从在冬妮亚家里与她告别后，只见过她两面。第一次是他

这部小说最大的成就，就是成功地塑造了保尔·柯察金这个在布尔什维克党的培养下，在革命烽火和艰苦环境中锻炼出来的共产主义新人的典型形象。

伤愈出院后，最后一次是在铁路工地上。保尔发现，随着革命的深入，他们之间的思想差距越来越大了。

在筑路工程快要结束时，保尔得了伤寒。病愈后他又回到了工作岗位。他参加了工业建设和边防战线的斗争，并且入了党。但是，由于保尔在战争中受过多次重伤和暗伤，后来又得过几次重病，再加上他忘我的工作和劳动，平时不爱惜自己的身体，身体越来越差。1927年，他几乎完全瘫痪，接着又双目失明。严重的疾病终于把这个满怀革命热情的年轻人束缚在病榻上。就在保尔的肉体和精神都承受着难以想象的痛苦的时候，他重新找到了"归队"的力量。他给自己提出了两项任务：一方面决心帮助自己的妻子达雅进步；另一方面决定开始文学创作。这样，"保尔又拿起了新的武器，开始了新的生活"。

⟨⟨⟨ 经典片段赏析

人最宝贵的是生命，生命属于我们只有一次。一个人的生命应当这样度过：当他回首往事时，不因虚度年华而悔恨，也不因碌碌无为而羞耻。这样，在他临死的时候就能够说："我已把整个的生命和全部精力都献给最壮丽的事业——为人类的解放而斗争。"

——《钢铁是怎样炼成的》

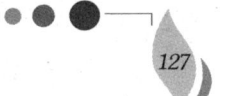

红与黑　司汤达

 **相关内容**

汤达（1783—1842 年）是法国 19 世纪杰出的批判现实主义作家。他 1783 年出生于法国格勒诺布尔城的一个资产阶级家庭，父亲是一个有钱的律师，信仰宗教，思想保守，司汤达从小就对父亲没好感。母亲有意大利血统，思想比较自由，但过早去世。司汤达早年在外祖父的教导下，阅读了大量文艺复兴时期和思想启蒙时期的作品，并在当地中心学校里接受了新思想的熏陶。毕业以后，司汤达到巴黎参加了拿破仑的军队。1815 年，他开始写作。司汤达写作勤奋，给人类留下了巨大的精神遗产，如《意大利绘画史》、游记《罗马、那不勒斯和佛罗伦萨》、文论集《拉辛与莎士比亚》。著名的小说有《瓦尼娜·瓦尼尼》（短篇），长篇小说《吕西安·娄凡》（又名《红与白》）、《红与黑》《巴马修道院》《亨利·勃吕拉传》等。

背景介绍

《红与黑》的创作取材于一则社会新闻：一个铁匠的儿子安杜扬·贝尔特经神父推荐，去米苏家担任家庭教师。不久，他和米苏夫人发生了暧昧关系，真相暴露

在文学上起步很晚，三十几岁才开始发表作品。然而，司汤达却给人类留下了巨大的精神遗产。

后，出于怨恨和绝望，贝尔特在教堂里枪杀了米苏夫人，因此被判死刑。司汤达根据这条社会新闻，构思了一部题名为《于连》的小说，但这桩普通的刑事案件无法体现他对封建复辟的痛恨。于是，他重新构思并不断修改情节，将保皇党的阴谋活动作为中心事件写进了小说。1830 年 5 月，他又把书名改为富有象征意义的《红与黑》，再加上副标题"1830 年纪事"，使这部作品成为杰出的批判现实主义的文学名著。

《红与黑》是 19 世纪欧洲批判现实主义的奠基作品。作品所塑造的"青年野心家"于连是一个具有高度典型意义的人物形象，他充满激情、处心积虑、渴望成功。于连已成为个人奋斗的野心家的代名词，书名"红与黑"是于连勃勃野心的象征，"红"是军服的颜色，"黑"则是神父长袍的颜色。这种"红"与"黑"的野心和梦幻，渗透了于连的灵魂，左右着他的一切言行，直至他走上断头台。

于连是法国第二次王朝复辟时期黑暗时代受压抑的小资产阶级青年的代表，他性格中最显著的特点是强烈的自尊和自觉的反叛意识。然而，他又是一个集善恶美丑于一身的十分复杂的人物。小说就是通过对于连的双重人格、矛盾性格和悲剧命运的描写，揭露了法国王朝复辟时期对青年一代的腐蚀和摧残，深刻地批判了当时的社会现实。

内容概述

故事发生在法国革命前夕的动荡年代。

主人公于连是维立叶尔小城里一个木匠的儿子。他对自己卑微的出身深感耻辱，希望当一名神父。于连以惊人的记忆力，把一本拉丁文《圣经》背得滚瓜烂熟，并因此进入市长德·瑞那家里成为了一名家庭教师。

相貌出众、野心勃勃而又才华横溢的于连，点燃了德·瑞那夫人心中爱情的火焰。两人沉浸在狂热的爱情里，风声传遍了整座城市。德·瑞那闻讯后将于连送去省会贝尚松的神学院学习。

初到神学院的于连，受到院长彼拉的重视，也受到想夺取院长职位的主教的排挤。后来，于连经人介绍当上了侯爵的私人秘书。于连离开神学院，兴奋异常，随即回到了维立叶尔，半夜里他翻越层层围墙，在离别14个月后重新见到德·瑞那夫人。于连在她的卧室里度过了整整一天，直至被人发现才仓皇逃走。

于连到达巴黎后，由于敬业、沉着和聪明，被身为极端保皇党人的侯爵慢慢视为心腹。于连还获准同侯爵家的成员一起进餐，与侯爵的客人们相处，这使他很快就学会了上流社会的生活艺术。特别是在侯爵女儿玛特尔小姐的眼里，他已完全脱去了外省人的土气。玛特尔是一个向往浪漫爱情的少女，她拒绝了许多贵族青年的求婚。于连的骄傲和才干使她感到惊异，而于连对她的冷漠更使她芳心大动。为了表示与众不同，她偏偏要去爱这么一个和自己的社会地位差距极其悬殊的人。为了考验于连的胆量，她要于连在明亮的月光下用梯子爬进她的卧室。于连满腹狐疑地照做了，于是玛特尔当晚便委身于他。

不久，玛特尔发现自己怀孕了。她写信告诉父亲，要和于连公

对拿破仑的崇拜是司汤达一生的信念。

开结婚。侯爵虽恼怒万分，但只得让步。为了女儿的将来着想，他赐予于连一笔财产、一个贵族头衔和一个军官职位。

正当于连得意忘形时，一件他意想不到的事情发生了。侯爵收到了一封德·瑞那夫人的来信，信中披露了她与于连的关系。侯爵当即拒绝了于连同女儿的婚事。于连得知这一消息后，恼羞成怒，骑马赶到维立叶尔，在教堂里向正在祷告的德·瑞那夫人连开两枪。于连被捕了，在昏暗的监狱里，他的野心已全部破灭。玛特尔为营救他而四处奔波，但于连并不感动。公审时，于连当众宣布他不祈求任何人的恩赐，结果因蓄意杀人被判了死罪。未受致命枪伤的德·瑞那夫人不顾一切前去探监。于连这才知道，她写给侯爵的那封信，是由听她忏悔的教士起草并强迫她誊写的。他们宽恕了彼此，在生命的最后时刻，于连再一次尝到了幸福的味道。

在一个晴朗的日子，于连从容地走上了断头台。玛特尔亲手埋葬了他的头颅。德·瑞那夫人在于连死后的第三天也离开了人世。

〈〈〈 经典片段赏析

　　"我爱上了，我爱上了，这很清楚！在我这个年纪，一个女孩子，美丽、聪明，如果不是在爱情中，能到哪儿去找到强烈的感觉呢？我没有办法，我永远不会对克鲁瓦泽努瓦、凯吕斯和所有这些人有爱情。他们是完美的，也许过于完美了，反正他们让我厌倦。"

——《红与黑》

巴黎圣母院 维克多·雨果

 相关内容

雨果（1802年—1885年），19世纪法国浪漫主义运动的领袖，著名的诗人、小说家、文学评论家和政论家。雨果于1802年出生在法国的贝尚松城，他自幼多才多艺，热衷于文学，十分崇拜浪漫派作家夏多勃里昂。少年时代的雨果受母亲影响，政治上倾向于保守主义，他的第一部诗集《颂诗集》（1822年）因歌颂国王与天主教而受到路易十八的嘉奖。

19世纪20年代中期，查理十世推行的一系列反动政策令雨果的政治态度开始转变，他与缪塞、大仲马等人组织第二文社，公开反对古典主义。1827年，他发表了著名的《〈克伦威尔〉序言》，对当时统治法国文坛的古典主义展开了全面的清算和尖锐的批判，并提出了崭新的浪漫主义诗学理论主张。他的主张被誉为法国"浪漫主义的宣言书"。二三十年代，雨果以丰富的诗歌、戏剧，以及小说创作，进入了他的第一次创作高潮，显示了浪漫主义文学的创作实绩。这时期的作品主要有：诗集《东方吟》（1829年）、《黄昏之歌》（1835年）、《心声集》（1837年）、《光与影》（1840年）等；剧本《欧那尼》（1830年）、《国王寻乐》（1832年）、《玛丽·都铎尔》（1833年）、《吕伊·布拉斯》（1838年）等；小说方面，创作了著名的长篇小说《巴黎圣母院》（1831年）。

雨果一生的创作期长达60年以上，著作甚多，包括诗歌、戏剧、小说、文艺理论、政论等，他的作品中贯穿着人道主义激情，是法国文学和人类文学宝库中一份珍贵的文化遗产。

背景介绍

19 世纪 20 年代中期以前，雨果受崇信君主政体和天主教的家庭教师和母亲的影响，他的政治立场和文艺观都是保守的。政治上因把拿破仑视为"蹂躏世界的暴君"，得到路易十八和查理十世的赏识；文学上仿效古典主义，为复辟王朝和天主教唱颂歌。

1826 年，随着国内反对查理十世的斗争和国际上争取独立解放的革命浪潮对神圣同盟的冲击，雨果的政治立场和文艺思想都发生了巨大的变化。1830 年 2 月 25 日在法兰西剧院演出的《欧那尼》，是雨果在创作实践上一次大胆的尝试，是浪漫主义和古典主义的一场决战。这场演出获得了极大成功，这标志着浪漫主义对古典主义的彻底胜利，也是法国文学史上的重要事件。

1831 年问世的《巴黎圣母院》主要描写了法国风云变幻、阶级斗争激烈的年代，反映了 20 年代历史小说对雨果的影响。《巴黎圣母院》的出版是雨果对自己的保王主义作的一次清算，表达了他对波旁王朝和天主教会的憎恶，因而小说鲜明地体现了反国王、反教会的意识和对人民群众的赞颂。这部小说把浪漫主义文艺观扩大到长篇小说领域，被誉为浪漫主义的代表作品，既受到了法国人民的喜爱，也赢得了世界读者的赞赏。

内容概述

1482 年的愚人节，整个巴黎沉浸在欢乐的气氛中。在格雷弗广场上，靠街头卖艺为生的吉卜赛女郎爱斯梅拉尔德和小羊加里的精彩表演吸引了不少围观的群众，不时赢得人们的掌声和叫好声。巴黎圣母院的副主教克洛德用一双贪婪的眼睛直盯着爱斯梅拉尔德。在他的眼前有两条路供他选择：或者不惜一切代价占有她；或者置她于死地，以求自己灵魂的安宁。此时，第一种选择占了上风。

与此同时，广场上还在进行"愚人之王"的选举，选举的规则是谁长得最丑陋，谁笑得最傻、最难看，谁就有望当选。巴黎圣母院的敲钟人加西莫多被选中。在16年前，副主教克洛德出于怜悯收养了畸形儿加西莫多。加西莫多渐渐懂事后，对克洛德感恩戴德，唯命是从。

傍晚时分，人们渐渐散去，受命于克洛德的加西莫多劫持了爱斯梅拉尔德，爱斯梅拉尔德奋力反抗，高声呼救。闻讯赶到的近卫弓箭队队长法比思解救了爱斯梅拉尔德，擒获了加西莫多。第二天，格雷弗广场上搭起了临时刑台，加西莫多跪在转盘上任人鞭笞。克洛德目睹此景，为了保全自己的身份，竟无动于衷。加西莫多口渴难忍。这时，手提水罐的爱斯梅拉尔德走上刑台，把水送到加西莫多嘴边。加西莫多发现她竟是昨晚自己劫持的姑娘时，羞愧和感激的泪水不禁夺眶而出。

克洛德无意中得知了爱斯梅拉尔德和近卫队队长法比思约会的消息，他趁二人约会之际用匕首刺入法比思的胸膛后跳窗潜逃。

国王的近卫队队长竟遭此毒手，此事在王室的宗教法庭引起了轩然大波。检察官认定是爱斯梅拉尔德刺杀的法比思，爱斯梅拉尔德最后屈打成招。等待着她的命运是若干天后被送上绞刑架。爱斯梅拉尔德在漆黑的地牢里虚弱极了。一天夜晚，副主教克洛德来到监狱，跪在爱斯梅拉尔德面前忏悔，并建议她和他一起逃走，爱斯梅拉尔德拒绝了他的"好意"。

其实，法比思并没有死。就在刽子手要行刑时，加西莫多从教堂冲了出来，只身劫法场，救走了爱斯梅拉尔德，将她带进了教堂——一个不受法律管辖的地方。见到这一壮举，群众中爆发了一阵欢呼，他们被加西莫多的真情感动了。

从此，加西莫多成了爱斯梅拉尔德忠实的朋友。他对她怀有纯真的爱慕之情，甘愿为她赴汤蹈火。不久，宗教法庭扬言教堂圣地不容女巫亵渎，要无视避难权予以捉拿。巴黎的流浪人和乞丐们闻讯后，于夜晚前来攻打巴黎圣母院，准备营救爱斯梅拉尔德。耳聋的加西莫多不明真相，孤身奋战，全力阻止流浪人和乞丐们进入教堂。混战中，爱斯梅拉尔德再次落入克洛德的魔爪中。克洛德把爱斯梅拉尔德带到格雷弗广场的绞刑架前，逼迫爱斯梅拉尔德在他与绞刑架之间进行选择。爱斯梅拉尔德宁死也不肯就范，气急败坏的克洛德把爱斯梅拉尔德暂交给荷兰塔的女修士看管，自己去叫官兵。这个女修士发现爱斯梅拉尔德竟是自己15年前丢失的女儿，母女相认悲喜交加，但相逢的喜悦却变成了诀别的哀号。克洛德带领官兵赶到，母亲极力保护女儿，刽子手却把她推倒在绞台下，致使她当场身亡。

爱斯梅拉尔德的性命危在旦夕。在教堂顶楼观看这一幕的克洛德发出了狰狞的狂笑。加西莫多发现爱斯梅拉尔德不见后，急得四处寻找，也奔上了教堂的顶楼。当他意识到这一幕的导演者就是克洛德时，一怒之下把他的"恩人"从高高的顶楼上推了下去。克洛德像一块掉落的瓦片，跌落在街石上，没了人形。

在爱斯梅拉尔德被处以绞刑的第二天，她的尸体便被人收走了。此后，加西莫多也失踪了。两年以后，在鹰山的墓窖里，人们发现两具紧紧抱在一起的尸体，其中男尸

脊骨弯曲。当人们试图把这两具尸体分开的时候，尸骨便立即化成了尘土。两颗纯真善良的心终于可以在一起了。

〈〈〈 经典片段赏析

　　走近前去，他一边想象着也许即将看见她又在室内。拐过俯临下层屋顶的过道，瞥见那窄小的幽室，小窗、小门依然如故，蜷缩在一道大扶壁拱架下，像一个鸟窝挂在树枝下。可怜的人见了，他的心脏都停止了跳动，靠在一根柱子上，才没有倒下。他想象，也许她已经回来，也许有什么好天使把她送了回来，这间小屋这样幽静、这样安全、这样可爱，她怎能不在里面呢？他生怕打破了自己的迷梦，再也不敢前行一步。——"是的，"他心中暗想，"她大概在睡觉，或者在祈祷。别打扰她吧！"

——《巴黎圣母院》

茶花女 　小仲马

 相关内容

法国小说家、戏剧家小仲马（1824 年—1895 年）是著名作家大仲马同一个女裁缝的私生子。

　　小仲马的身份直到 7 岁时才被大仲马承认，但大仲马仍不认其母为妻。这种切身的精神创伤影响了他的创作，他一生都把探讨资本主义社会的道德问题当做自己创作的中心主题。1848 年小说《茶花女》的成功，使小仲马一举成名。1852 年，根据小说改编的同名话剧的演出引起了更大的反响。从此，小仲马就致力于戏剧创作，他一生写过 20 多个剧本，比较有名的有《半上流社会》（1855 年）、《金钱问题》（1857 年）、《私生子》（1858 年）、《放荡的父亲》（1859 年）、《欧勃雷夫人的见解》（1867 年）、《阿尔丰斯先生》（1873 年）、《福朗西雍》（1887 年）等，其中大多以妇女、婚姻、家庭等问题为题材，以严谨的结构、流畅的语言、浓郁的抒情气息真切、自然地反映了 19 世纪末期法国社会的现实生活。

 背景介绍

　　茶花女原名叫阿尔丰西娜·普莱希，她成为风月场上的交际明星后，改名为玛丽·迪普莱希。玛丽生性偏爱茶花，每逢外出，随身必带茶花，其颜色时红时白。传说，她选择的茶花的颜色，是她暗示给客人的信号：红色表示这一天不能接待客人，白色则意味欢迎来访，或许这正是"茶花女"得名的由来。

小仲马与玛丽相识后，两人互为对方的气质所吸引，很快便坠入爱河。然而，小仲马的性格中仍有纨绔子弟的一面，而玛丽又是一位风尘女子，这一切都注定了他们之间的这段感情是相当复杂的。不久，小仲马和玛丽·迪普莱希分手。

1846年10月，小仲马获悉玛丽的死讯，这位多情的作家被触动了。他仅用4个月就写出了《茶花女》这本小说，在玛丽去世后一周年公开发表，在巴黎文坛引起了巨大的轰动。

小仲马作品中的茶花女形象。

小说和话剧《茶花女》为人们塑造了一批生动、鲜明的艺术形象。女主人公茶花女玛格丽特美丽、聪明、善良，虽然沦落风尘，但依旧保持着一颗纯洁、高尚的心灵。她充满热情和希望地去追求生命中真正的爱情，而当希望破灭之后，又甘愿自我牺牲去成全他人。这一切都使这位为人们所不屑的烟花女子的形象闪烁着一种圣洁的光辉。

 ## 内容概述

玛格丽特是个贫苦的乡下姑娘，来到巴黎后，为生活所迫做了妓女。由于生得花容月貌，巴黎的贵族公子争相追逐，使她成了红极一时的"社交明星"。她随身的装扮总是少不了一束茶花，所以人称"茶花女"。后来，玛格丽特爱上了深爱她的青年阿尔芒，爱情激发了玛格丽特对生活的信心，她决心摆脱百无聊赖的欢场生活。经过努力，玛格丽特和阿尔芒在巴黎郊外租了一间房子。失去经济来源的玛格丽特背着阿尔芒典当了自己的金银首饰和车马来支付生活费用。阿尔芒了解后，决定把母亲留给他的一笔遗产转让给玛格丽特，以还清玛格丽特所欠下的债务。经纪人要他去签字，他离开玛格丽特去巴黎。在这期间阿尔芒的父亲杜瓦先生威胁玛格丽特，让她与阿尔芒断绝来往。

玛格丽特非常悲伤地给阿尔芒写了封绝交信，然后回到巴黎，开始了昔日的荒唐生活。阿尔芒也怀着痛苦的心情同父亲回到了家乡。

但阿尔芒仍深深地怀念着玛格丽特，他失魂落魄地来到巴黎。但由于误会两人不但没有走到一起，反而互相伤害得更深。玛格丽特受到打击后便一病不起。弥留之际，她不断地呼唤着阿尔芒的名字，但她始终没有再见到她心爱的人。

玛格丽特死后，只有一个好心的邻居米利为她入殓。当阿尔芒重回巴黎时，米利把玛格丽特的一本日记交给了他。从日记中，阿尔芒才了解了她高尚的心灵。阿尔芒怀着无限的悔恨与惆怅，为玛格丽特迁坟安葬，并在她的坟前摆满了白色的茶花，以此来表达自己的内疚和对玛格丽特无尽的怀念。

⟨⟨⟨ 经典片段赏析

只有在多多研究了人性以后，我们才开始能够动笔创造出人物来，犹之乎只有在认真学习了一种语言以后，我们才能够运用这种语言一样。

头脑是狭小的，而它却隐藏着思想；眼睛只是一个小点，它却能环视辽阔的天地。

——《茶花女》

老人与海 海明威

 相关内容

明威（1899 年—1961 年），生于乡村医生家庭，喜欢钓鱼、打猎、音乐和绘画，是美国著名的小说家，1954 年度诺贝尔文学奖获得者。他曾作为红十字会车队司机参加第一次世界大战，以后便长期担任驻欧记者，并曾以记者身份参加第二次世界大战和西班牙内战。晚年患多种疾病精神抑郁，经多次医治无效，最后自杀身亡。

他的早期长篇小说《太阳照样升起》（1926 年）、《永别了，武器》（1929 年），从一个独特的角度谴责了战争，具有反战色彩。小说因写了一代人的迷惘，成为表现美国"迷惘的一代"的主要代表作。三四十年代他转而塑造摆脱迷惘、悲观，为人民利益而英勇战斗和无畏牺牲的反法西斯战士形象，作品包括剧本《第五纵队》（1938 年），长篇小说《丧钟为谁而鸣》（1940 年）。50 年代后，他延续 20 年代短篇小说《打不败的人》和《五万大洋》中宁折不弯的主题，塑造了以桑提亚哥为代表的"可以把他消灭，但就是打不败他"的"硬汉形象"（代表作中篇小说《老人与海》，1952 年）。作者自己也成了美利坚民族的精神丰碑。

在艺术上，他出色地运用简约有力的文体和多种现代派手法，不仅影响了许多欧美作家，而且在美国文学中引起了一场"文学革命"。

 背景介绍

《老人与海》发表于 1952 年，是海明威定居古巴时期只用 8 周

XIN GAINIAN ·新概念阅读书坊·
YUEDU SHU FANG

时间写就的名著，但这部作品在他的脑海里已经酝酿了很长时间。在1935年，有位老渔夫向他讲述了自己捕到的鱼怎样被鲨鱼吃掉的故事，海明威深受触动。之后，他给朋友的信中透露要写一个以捕鱼为生的老头儿的故事："如果找到感觉，我能写得很精彩。"十多年后，海明威终于写成了这本书，他保留了故事的框架，但虚构了背景与细节。

《老人与海》是海明威一生思想和艺术的结晶。

《老人与海》中的主人公老渔夫桑提亚哥，是海明威塑造出的一个"硬汉"形象。他孤独、背运、贫穷、年老体衰，但是他乐观、自信、勇敢、坚韧，体现了人的勇气与不屈不挠的精神。

海明威在这个寓言式的故事里给人们展示的是一个个性鲜明、血肉丰满的硬汉形象，在桑提亚哥身上体现了海明威的人生哲学和道德理想，即人类永远不会向命运低头、永不服输的斗士精神和积极向上的乐观态度，赞美了人类生命的伟大。尽管老人最后失败而归，但他却赢得了作者的由衷赞叹。他没有失去一个硬汉的风度，他没有在厄运面前屈服，"在同不可思议的大自然的搏斗中，他表现

《老人与海》塑造了一个"硬汉"的形象。

了惊人的勇气与毅力，成为永远打不败
的精神力量的象征……"

 内容概述

　　老渔夫桑提亚哥已经有 84 天没有打
到鱼了。头 40 天中有一个孩子跟他一起
出海。可是孩子的父母说这老头儿运气
不好，叫孩子跟别的渔船出海。

　　第 85 天出海时，终于有一条马林鱼
上钩了。大鱼不慌不忙地游着，连着船
和人都跟着缓缓地漂流。四个钟头以后，
那条大鱼照旧拖着小船在浩渺无边的海面游动。老头儿拉住背在脊
梁上的钓丝。他竭力把钓丝拉紧，但钓丝已经绷得很紧了。这时，
大鱼突然晃荡一下，把老头儿拖到船头那边去，他好不容易撑住一
股劲儿，放出一段钓丝，才没被拖到海里去。

　　第二天，大鱼还是拖着船游动，它一次又一次地跳跃，虽然钓
丝在不断松下去，但船还是走得飞快。老头儿把钓丝绷紧，身子一
动不动。第三天他用一个套索拴住大鱼的尾巴，另一个套索拴住它
的身体中间，把它捆在船旁边。他估计这条鱼足有 680 千克，如果
净得三分之二，卖 3 角钱一磅，该赚多少钱啊！

　　可是，死鱼的血水招来了鲨鱼，它们嗅出血的味道，顺着船和

鱼所走的航线游来，大口大口地咬掉大鱼身上的肉。鲨鱼一次又一次冲来，老头儿不断地用棍子揍着鲨鱼。晚上，鲨鱼成群游来，老头儿看到它们，就不顾一切地用棍棒打去。但它们还是把鱼肉一块一块地撕咬下去了。

小船驶进小港的时候，已经是半夜了。他上了岸，回到茅棚，躺下睡觉。第二天，好多渔夫站在船周围，望着死鱼的骨骼，都为老头儿感到惋惜。

先前跟他一起出海的孩子给他送来了热咖啡。他表示要跟老头儿一起出海打鱼。

一根又粗又长的雪白的脊骨扔在垃圾堆里，潮水冲打着它。在茅棚里，老头儿又睡着了，在睡梦中他梦见了一头狮子，孩子则坐在一边静静地守着他。

〈〈〈　经典片段赏析

　　老人消瘦而憔悴，脖颈上有些很深的皱纹，腮帮上有些褐斑，那是太阳在海面上反射的光线所引起的良性皮肤癌变。褐斑从他脸的两侧一直蔓延下去，他的双手常用绳索拉大鱼，留下了刻得很深的伤疤。但是这些伤疤中没有一块是新的。它们像无鱼可打的沙漠中被侵蚀的地方一般古老。他身上的一切都显得古老，除了那双眼睛，它们像海水一般蓝，是愉快而不肯认输的。

——《老人与海》

飘 玛格丽特·米切尔

相关内容

玛格丽特·米切尔（1900年—1949年）于1900年11月8日出生于美国佐治亚州亚特兰大市的一个律师家庭。自孩提时起，玛格丽特就时时听到她父亲与朋友、邻居们谈论战争。玛格丽特从小就受到良好的教育，曾就读于亚特兰大的斯密斯学院，成年后获文学博士学位。她曾在亚特兰大新闻报做记者，成就卓越。1949年，米切尔在一次交通事故中不幸身亡，英年早逝蠢她短暂的一生，除《飘》以外，未能留下更多的佳作。

背景介绍

《飘》这部小说以美国的南北战争为背景，以女主人公的爱情悲剧及南方奴隶主在战争中的节节败退为线索，展示了动乱年代南方人民的生活，同时作者也表露出反对奴隶制，支持北方革命的思想。由于受家庭的熏陶，米切尔对美国历史，特别是南北战争时期美国南方的历史产生了浓厚的兴趣。她在家乡听闻了大量有关内战和战后重建时期的种种逸事和传闻，接触并阅读了大量有关内战的书籍。而且，她自幼在南部城市亚特兰大成长，深知当地的风土人情，这些都成为米切尔创作的源泉。

内容概述

　　小说的主人公郝思嘉是美国佐治亚州一位富足且颇有地位的种植园主的女儿，生活幸福、美满。

　　1861 年 4 月，美国南北两方的关系已经非常紧张。16 岁的郝思嘉爱上了卫希里，而卫希里却要与玫兰尼订婚。她想说服卫希里和她一起私奔，但被卫希里婉言拒绝。这时她初遇白瑞德。为了挽回自己的面子，任性的郝思嘉在两周之后就成为了查理的妻子。两个月后，查理病死在前线，郝思嘉突然变成了寡妇。这时，卫希里也上了前线，受其妻玫兰尼的邀请，郝思嘉来到亚特兰大。环境的改变使郝思嘉的心境稍微好转。

　　在一次医院举行的募捐舞会上，她又一次见到曾在庄园出现过的白瑞德。现在，白瑞德已成了亚特兰大鼎鼎有名的偷越北方封锁线为南方军队提供物资的商人。就这样，白瑞德将她重新带入她想要的上层社交圈。

　　1863 年圣诞节前夕，卫希里从前线回来，在家休息数日。临行前，他将怀孕的妻子玫兰尼托付给郝思嘉。1864 年夏天，北方军队直逼南方联邦的首府——亚特兰大。许多人家都逃离了亚特兰大。

美国电影《飘》中郝思嘉的扮演者费·雯丽的剧照。

但因玫兰尼即将临盆，信守承诺的郝思嘉只好留下来守在她的身边。8 月底的一天夜里，白瑞德用偷来的一辆破马车把郝思嘉和玫兰尼母子送出城，让她们趁夜赶往塔拉庄园。经过一天的颠簸及艰难险阻，她们终于来到了塔拉庄园。虽然经历战火，塔拉庄园的白色楼房却依然完好无损。但庄园里只有老父亲杰拉尔德和一个黑奴管家，整个家庭的重担一下子落到了 19 岁的郝思嘉肩上。她毅然放下了小姐架子，开始辛苦地劳作。

　　1865 年 4 月，南方联军投降，战争结束了。卫希里终于活着回来了。

第二年春天，新政府命令塔拉庄园限期交纳新附加税，否则就要拍卖庄园来抵税。为了保住庄园，郝思嘉只身前往亚特兰大向白瑞德借钱，但白瑞德却因涉嫌侵吞南方联邦的大笔资金而锒铛入狱。郝思嘉无意中遇见了妹妹苏埃伦的未婚夫弗兰克。弗兰克的经济状况很好。两周后，郝思嘉便与他结了婚。塔拉庄园得救了！白瑞德出狱后，郝思嘉向他借了一笔钱，开始独自经营一个木材厂。战后的南方动荡不安，弗兰克、卫希里等三K党人组织对黑人进行报复行动，行动中弗兰克被打死，卫希里受了伤。几个月之后，不顾亲友的劝阻和反对，郝思嘉和白瑞德结了婚。不久，他们的女儿美蓝出生了。在美蓝身上，白瑞德几乎倾注了全部心血，把她当成郝思嘉的缩影。

　　一天晚上，在木材厂，郝思嘉和卫希里一起回忆起从前，不禁感慨万千，相拥而泣。这件事很快被白瑞德和玫兰尼知道了。几天以后，白瑞德带上美蓝出远门去了。三个月后，他回到家中。1871年圣诞节，州政府的大权终于又回到了南方人的手里。然而，美蓝却在骑马时不幸坠马身亡，夫妇俩异常悲痛。白瑞德更是整日酗酒，对待郝思嘉如同陌路人。

　　玫兰尼不听医生的劝告又一次怀孕。怀孕后她的身体状况迅速恶化，最终玫兰尼没有挺过去，去世了。郝思嘉回家希望同白瑞德重新开始生活，但是，白瑞德已经心灰意冷，决定弃家出走，永远地离开郝思嘉。此时此刻，她只有一条出路——回到塔拉庄园。她

感到太疲劳了，自言自语地说："还是留给明天去想吧……不管怎么说，明天又是新的一天……"

<<< **经典片段赏析**

她具有她的家族那种不承认失败的精神，即使失败就摆在眼前。如今就凭这种精神，她把下巴高高翘起。她能够让白瑞德回来。她知道她能够。世界上没有哪个男人她无法得到，只要她下定决心就是了。

"我明天回塔拉再去想吧。那时我就经受得住一切了。明天，我会想出一个办法把他弄回来。毕竟，明天又是另外的一天呢。"

——《飘》

麦田里的守望者 塞林格

 相关内容

塞林格（1919 年—2010 年）是美国小说家，出生于纽约市一个富裕的犹太商人家庭。15 岁时在宾夕法尼亚州一所军事学校住读。1936 年进入纽约商人家庭。15 岁时在宾夕法尼亚州一所军事学校住读。1936 年进入纽约大学，不久辍学去法国和波兰从事进口生意，后来回国继续读书，先后进了 3 所学院，都未毕业。1942 年参军，经一年多专门训练后，派赴欧洲做反间谍工作。1946 年复员回纽约，专门从事写作。

早在军校读书时，塞林格即练习写作。1940 年发表处女作，到 1951 年出版成名作《麦田里的守望者》为止，十多年中曾发表短篇小说二十多篇。此后他隐居到乡间，成为著名的遁世作家。几十年之后，他最终拿出来发表的只有两部中篇小说集（共 4 部中篇小说）和 1 篇短篇，即中篇小说集《弗兰妮与卓埃》（1961 年）、《木匠们，把屋梁升高；西摩，一个介绍》（1963 年）及短篇《哈普华兹十六，1924》（1965 年）。此外，还出版过一本从二十多篇旧作中选出的短篇小说集《九个故事》（1953 年）。

 背景介绍

《麦田里的守望者》反映了二战以后美国年轻一代普遍的彷徨、忧郁、孤独、

夕阳下的麦穗。

愤世的心理状态。两次世界大战推动了美国经济的发展，这使美国人自豪满足，并努力追求金钱，追求安全、舒适的生活。然而政治保守给人造成的精神压抑，追名逐利带来的虚伪、庸俗，日益使敏感的美国人，尤其是青年人对周遭生活失去热情，感到不满。塞林格的《麦田里的守望者》较早地反映了这种情绪，表现出一种反叛精神。

小说的主人公考尔菲尔德非常具有时代特征，是20世纪50年代众多反叛英雄的典型代表。他有一颗纯洁善良的心灵，拒绝虚伪和低俗。与此对应，考尔菲尔德总是表现出对弱者与特立独行者的同情。他因哥哥为赢得世俗的成功而牺牲自己的创作天赋而深感惋惜。他认为，人世间只有像妹妹菲芯那样单纯、真实、自由自在的孩子才值得羡慕。考尔菲尔德是个自然成长的反叛者，他的反叛没有任何功利目的，是一种出于本能与自发的反叛，而是为了维护自己本性的真诚、抵制世俗虚伪的侵蚀而进行的反叛。

塞林格笔下的考尔菲尔德与马克·吐温笔下的哈克贝利·费恩有着惊人的相似之处。这两本书都用少年日常语言讲述主人公对虚伪社会的逃避。他们都忠实于美国人的同一个梦想，即渴望诚实的劳动与纯洁的爱情相结合的朴素而真诚的生活。考尔菲尔德的理想破灭了，他只能做"麦田里的守望者"，他守望着公园里的菲芯，希望她能永远单纯、快乐、自由地嬉戏玩乐。考尔菲尔德的形象因为这个意象而变得异常丰满。《麦田里的守望者》是塞林格最优秀也是最富争议性的作品，既遭到天主教会和保守派人士的严厉谴责，又赢得无数读者，尤其是青少年读者的喜爱。该书出版已有五十多年，销量逾千万册，被许多院校采用为教材，为广大读者所热爱，是小说史上公认的经典名著。

 内容概述

考尔菲尔德是个中学生，出身于富裕的中产阶级家庭。他虽然只有 16 岁，但比其他人高出一头，整日穿着风雨衣，戴着鸭舌帽，游荡厮混，不爱读书。他对学校里的一切——老师、同学、功课、球赛等等，全都腻烦透了，3 次被学校开除。在和同房间的同学打了一架后，他深夜离开学校，回到纽约市，但他又不敢回家，便住进了一家小旅馆。第二天是星期天，考尔菲尔德上街游荡时，遇见两个修女，捐了 10 块钱。后来他约女友萨丽去看了场戏，然后去溜冰。看到萨丽那假情假意的样子，考尔菲尔德很不痛快，两人吵了一架，分了手。接着考尔菲尔德独自去看了场电影，又到酒吧里和一个老同学一起喝酒，喝得酩酊大醉。他走进厕所，把头伸进盥洗盆里用冷水浸了一阵，才清醒过来。可是走出酒吧后，被冷风一吹，他的头发都结了冰。他想到自己也许会因此患肺炎死去，永远见不着妹妹菲芯了，决定冒险回家和她诀别。

考尔菲尔德偷偷回到家里，叫醒菲芯，向她诉说了自己的苦闷和理想。他对妹妹说，他将来要当一名"麦田里的守望者"，看护在

麦田里嬉戏的小孩子。后来父母回来了，考尔菲尔德吓得躲进壁橱。等父母去卧室后，他急忙溜出家门。

考尔菲尔德不想再回家，也不想再念书了，决定去西部谋生，做一个又聋又哑的人。但他想在临走前再见妹妹一面，于是托人给她带去一张便条，约她到博物馆的艺术馆门前见面。过了约定时间好一阵，菲芯终于来了，可是却拖着一只装满自己衣服的大箱子，她一定要跟哥哥一起去西部。最后，因对妹妹劝说无效，考尔菲尔德只好放弃西部之行，带她去动物园和公园玩了一阵，然后一起回家。回家后不久，考尔菲尔德就生了一场大病。

〈〈〈 经典片段赏析

有那么一群小孩子在一大块麦地里做游戏。几千万个小孩子，附近没有一个人——没有一个大人，我是说——除了我。我呢，就站在那混账的悬崖边，我的职责是在那儿守望，要是有哪个孩子往悬崖边奔来，我就把他捉住——我是说孩子们都在狂奔，也不知道自己是在往哪儿跑，我得从什么地方出来，把他们捉住。我整天就干这样的事。我只想当个麦田里的守望者。

——《麦田里的守望者》

生命中不能承受之轻

米兰·昆德拉

 ## 相关内容

兰·昆德拉（1929年— ），捷克小说家，1929年生于捷克布尔诺市。父亲是一个钢琴家，米兰·昆德拉从小就受过良好的音乐熏陶和教育。少年时代开始广泛阅读世界名著。青年时代写过诗和剧本，画过画，搞过音乐，并从事过电影教学。正如他自己所说："我曾在艺术领域里四处摸索，试图找到我的方向。"

50年代初，他作为诗人登上文坛，出版过《人，一座广阔的花园》《独白》等诗集。30岁时走上了小说创作之路。1967年，他的第一部长篇小说《玩笑》在捷克出版，获得巨大成功。米兰·昆德拉在捷克当代文坛上的重要地位从此确定。1975年他移居法国，成为法国读者最喜爱的外国作家之一。他的绝大多数作品，如《笑忘录》（1978年）、《生命中不能承受之轻》（1984年）、《不朽》（1990年）等都是首先在法国风靡一时，然后才引起世界文坛的瞩目。他曾多次获得国际文学奖，并多次被提名为诺贝尔文学奖的候选人。

 ## 背景介绍

昆德拉在谈小说时说："无论有意还是无意，每一部小说都要回答这个问题：'人的存在究竟是什么？其真意何在？'"在他眼

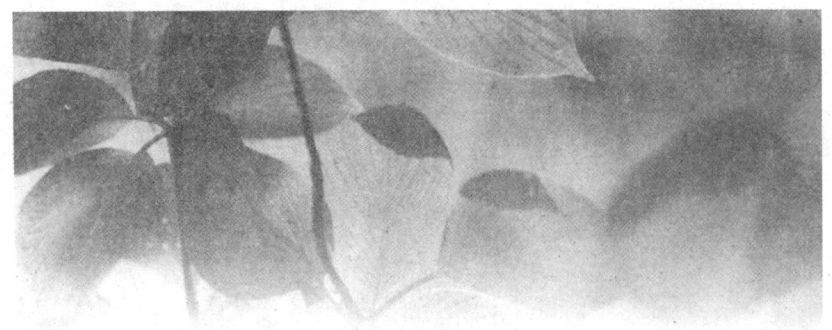

里，小说的主旨在于描述人类存在的境况，并揭示其中深藏的奥秘。《生命中不能承受之轻》正是此种意义上的现代作品。这部小说以1968年捷克事件为历史背景，用冷静而幽默的笔法描述了外科医生托马斯、女记者特丽莎、女画家萨宾娜、大学讲师弗兰茨等人的生活境况和心态意境，揭示了人类生存的窘迫境遇和重重困惑，具有深刻的哲理内涵。像昆德拉所有的小说一样，它不是一部以精巧的情节而是以独特的思想智慧引人入胜的小说。小说对人生意义和价值的探讨耐人寻味。面对生存，面对历史，昆德拉揭去了古典理想主义的外衣，把生命存在所面临的两难境地及由此产生的全新荒诞赤裸裸地展现在人们面前，让人们更加清楚生命的意义。

内容概述

　　托马斯是一位已离婚的外科医生。一次出诊，他邂逅了特丽莎。两人一见钟情，此后不久，特丽莎来到布拉格与托马斯生活在一起。托马斯对特丽莎走进自己生活中这一变化一时还不适应不了，他犹豫着该不该接纳特丽莎。为了证明自己并没有陷入情感的俗套，他继续与其他女友来往。但他最终发现自己真的爱上了特丽莎，他为自己的迷失而深感苦恼。

　　特丽莎是一个身世复杂而不幸的女孩，她是母亲不谨慎婚姻的结果，后来母亲跟着一个骗子私奔。特丽莎15岁时，就被母亲强行带出学校做了一名女招待。但特丽莎是个渴求上进的女孩，她内心对精神生活有着强烈的追求。偶然的相识，使她爱上了托马斯。然而，托马斯娶了她之后，她却发现丈夫不忠，特丽莎很难过，却又无能为力，只好痛苦地维系着这个家庭的外壳。

1968 年的"布拉格之春"给这个家庭带来了变化。特丽莎拍摄的反抗侵略者的图片竟成为当局迫害进步人士的依据。为逃离黑暗中的祖国，托马斯和特丽莎移居到了瑞士。后来，托马斯因一篇文章得罪当局受到迫害，最后二人搬到乡间生活，不幸在一次车祸中双双丧命。

小说还有一条线索是萨宾娜和瑞士一名大学教师弗兰茨之间的故事。

萨宾娜坚持不"媚俗"，到瑞士之后，她的画销量不错，但人们是因为同情她祖国的遭遇才购买的。在这里，她结识了相貌英俊的弗兰茨，他的学术事业正处于巅峰时期，但婚姻上却很失败。弗兰茨在萨宾娜这里找到了情感的依托，但他总觉得背叛了妻子。最终他下定决心离开妻子，不料萨宾娜也离他而去。最后，他和一位女学生兼情人住在一起。但是，弗兰茨始终无法忘记萨宾娜。后来，在越南侵略柬埔寨期间，他参加了一个国际医疗队赴柬，他幻想着萨宾娜会在柬埔寨等他，不料他却遭歹徒袭击丧命。

〈〈〈 经典片段赏析

女人无力拒绝任何呼唤着她受惊灵魂的东西。而男人则无力阻挡任何灵魂正在响应呼唤的女人。

人类的时间不是一种圆形的循环，是飞速向前的一条直线。所以，人不幸福；幸福是对重复的渴求。

——《生命中不能承受之轻》